커·리·어·포·트·폴·리·오·를·통·한

대학생의 진로 설계

송원영 · 김지영 공저

학지사

머리말

대학생 시기는 인생에서 가장 중요하고도 축복받은 시기다. 뇌와 신체의 모든 기능이 최고의 능력을 발휘하는 시기이고, 모든 연령대의 사람이 부러워하는 시기다. 그러나 최근 우리나라에서의 대학생 시기는 입시의 어려움이 끝나기도 전에 취업 전선에서 다시 매진해야 하는 어려운 시기이기도 하다. 저자들은 대학에서 학생들을 지도, 상담하면서 대학생활 중에 해결하고 성취해야 할 수많은 문제들 중에 진로에 대한 결정과 성공적인 취업이 연애와 더불어 가장 큰 고민거리로 등장함을 해마다 확인하였고, 그 압박감은 학년이 높아지면서 더욱 커져 가는 것을 보았다. 그 와중에 발견한 고학년들의 공통된 마음은 바로 '내가 지금 알고 있는 것을 그때도 알았더라면' 하는 탄식 어린 마음이었다.

이 책은 이러한 대학 고학년생들의 바람을 전달해 주기 위해 마련되었다. 대학생활을 보다 짜임새 있게 보내기 위하여 목표를 정하고 계획을 세워 실천하라는 말은 모두들 하지만 '진로' '취업'이라는 목표가 워낙 장기간에 걸쳐 다양한 준비를 해야 하는 목표이다 보니, 눈앞의 긴급하고 짧은 시간이 소요되는 일들을 하다 보면 그에 밀려서 정작 자신의 미래를 고민하고 정리하기가 어렵다. 따라서 이 책에서는 '포트폴리오'라는 도구를 통해 비전을 세우고 그에 따라 직업과 목표를 세분화하여 미리 살펴볼 수 있도록 하는 방법을 제시하였다. 4년간의 대학생활을 한눈에 알아볼 수 있는 포트폴리오의 청사진을 1학년 때 만들어 놓고, 매 학년, 매 학기에 그 포트폴리오를 채워 가는 기쁨을 얻다 보면 4학년에 이르러서는 다양한 성과를 볼 수 있다는 것을 목표로

한 것이다. 따라서 이 책은 대학생, 특히 저학년들을 주 대상으로 고려하여 서술되었다 할 것이다.

이 책의 중요한 특징은 활동이 많다는 점이다. 각 장마다 도입을 위한 활동을 통해 워밍업을 하고, 관련 이론을 살펴본 후 그것을 적용하는 활동이 제시되어 있다. 그러한 면에서 이 책은 이론서보다는 다분히 실용서에 가까우며, 대학에서도 전공과목보다는 교양과목이나 진로 설계에 특화된 과목의 교재로 활용할 수 있을 것이다. 대학에서 이 책을 사용하는 교수자는 각 장의 활동을 과제로 제시하고, 3장에서 설명하고 있는 커리어 포트폴리오를 제작하도록 한 후, 11장에 설명된 내용을 근거로 포트폴리오를 완성하도록 하여 기말과제로 활용하면 가장 좋을 것이다.

이 책의 전반적인 구성을 살펴보면 1장과 2장은 진로의 중요성을 설명하기 위한 부분으로서 주도적인 삶의 자세에 대한 설명이 제시되어 있다. 3장부터 11장까지는 커리어 포트폴리오 제작과 그에 필요한 내용이 양괄식으로 제시되어 있다. 각 주제에 따라 설명을 읽고 활동을 하다 보면 11장에서 정리해야 할 내용들이 대부분 저절로 마련되도록 구성하려 노력하였다. 마지막으로 12장은 진로 이외에 풍성한 대학생활을 위해 필요한 부분들이 설명되어 있는데, 실용적으로는 11장에서 과제를 제시하고 기말고사 기간까지 제출할 시간을 주는 의미도 포함되어 있다.

항상 책을 쓴다는 것은 아쉬움을 접는 연습인 것 같다. 하루만 더, 하루만 더 쓰면 좀 더 완성도가 높아질 것 같지만, 그렇게 계속 연장하다 보면 끝이 없는 일이다. 이 책의 부족한 부분과 실수는 모두 저자들의 부족함에 근거한 것이므로 제안과 질책거리가 있다면 저자들에게 전달해 주기를 바라며 이를 겸허히 받겠다. 이 책은 교육인적자원부 및 한국학술진흥재단의 연구 지원(KRF-2005-081-B00002)을 통해 저술되었음을 밝히고 관련자에게 감사드리며, 자료 수집과 마무리에 도움을 준 대학원생 최명옥에게도 감사를 표한다. 마지막으로 이 책의 출판을 위해 수고하신 학지사의 김진환 사장님과 김재호 부장님께 감사드린다.

2009년 여름
놀뫼의 연구실에서
저자 대표 **송원영**

Contents

나의 소중함

생/각/해/봅/시/다

📄 다음의 우화를 읽어 봅시다.

아버지와 아들이 당나귀를 팔러 장에 가고 있었습니다. 아버지는 당나귀의 고삐를 잡고 앞서 걸어가고 아들은 뒤에서 따라 걸어가고 있었습니다. 한 마을에 들어서자 청년들이 수군거리기 시작했습니다.

"저 바보들 좀 봐! 이 더운 날씨에 당나귀를 타지 않고 걸어가다니……."

이 말을 듣고 아버지는 아들에게 고삐를 잡게 하고 자신이 나귀에 타고 다시 장으로 향했습니다. 좀 더 걸어가자 아주머니들이 수군거렸습니다.

"에구, 불쌍도 해라. 아들은 걸어가고 애비 혼자서만 당나귀를 좋다고 타고 가네그려."

아버지는 얼른 당나귀에서 내리고 아들을 당나귀에 태웠습니다. 그런데 마을 모퉁이를 돌아서자 할아버지들이 참견을 하는 것이었습니다.

"이런 버르장머리 없는 놈. 젊은 것은 당나귀를 탔는데, 애비는 걸어가고 있구만!"

그러자 아버지는 다시 당나귀 등에 올라탔습니다. 아들과 아버지를 태운 당나귀는 장터로 계속 걸어갔습니다. 그런데 이번에는 할머니들이 혀를 차며 이야기하였습니다.

"에구, 불쌍도 하지. 이 여름에 사람을 둘이나 태우고…… 저 당나귀는 말도 못하는 미물이니 얼마나 더 힘들꼬."

이 말을 듣자 아버지는 고민을 하다가 긴 장대를 구해 왔습니다. 그리고 장대에 당나귀의 다리를 묶고 아들과 함께 그것을 어깨에 멨습니다. 날은 덥고 당나귀는 발버둥을 치기 시작했습니다. 당나귀를 메고 다리를 건너던 아버지와 아들은 당나귀가 크게 요동을 치는 바람에 그만 당나귀를 놓치고 말았습니다. 장대에 두 발이 묶인 당나귀는 그렇게 물에 빠져 죽고 말았습니다.

결국 아버지와 아들은 당나귀를 팔지 못하고 터덜터덜 집으로 돌아왔습니다.

📄 혹시 나의 대학생활 중에 위의 우화에 나온 아버지와 아들과 같은 모습을 보인 적이 있다면 어떤 일이었는지 생각해 봅시다.

1. 행복한 삶

사람은 누구나 행복을 원한다. 최선을 다해 노력하여 불행해지겠다고 마음 먹는 사람은 아무도 없다. 세상의 여러 가지 가치 중 자기 자신, 다른 사람 또는 모두의 행복을 최대화하는 것을 최고의 가치로 여기는 사람도 무척 많을 것이다.

사람의 마음을 연구하는 심리학에서 한동안 '행복'이라는 주제는 주된 이슈가 되지 않았다. 반대로 '불행'을 피하기 위한, 불행에 대한 연구가 많이 이루어졌다. 우울, 불안, 두려움, 고통 등에 대한 연구들이었다. 그런데 21세기에 접어들면서 생활수준이 높아지기 시작하자 심리학에서도 '긍정심리학(positive psychology)'이라는 이름으로 행복, 참살이(well-being), 삶의 질(quality of life)과 같은 개념들이 매력적으로 연구되기 시작하였다. 그리고는 이내 많은 사람의 호응을 얻고 보다 깊이 있는 연구들로 이어지고 있다.

대표적인 연구자 중 하나가 바로 '학습된 무기력(learned helplessness)'이 우울증을 유발한다는 이론으로 유명한 마틴 셀리그먼(Martin Seligman) 박사다. 셀리그먼은 펜실베이니아 대학교의 연구실에서 인간이 왜 우울해지는가에 대해 평생을 연구하다가 1990년대에 이르러 자신의 연구 방향을 180도 바꾸어 '낙관성(optimism)'에 대해 연구를 하기 시작하였다. 그 후 셀리그먼은 몰입연구의 대가인 칙센트미하이(M. Csikszentmihalyi), 삶의 질 연구의 대가인 디너(Diener)와 함께 긍정심리학의 보급에 앞장서게 되었다.

셀리그먼에 따르면, 행복한 사람은 크게 세 가지로 나누어진다. 첫 번째는 즐거운 삶(pleasant life)을 사는 사람이다. 이들은 대개 생리학적으로 쉽게 기분이 좋아지고 약간은 들뜬 듯한 기분으로 생활한다. 마치 공장에서 나올 때부터 약간 밝게 조정되어 있는 TV가 있듯이 이들은 태어날 때부터 초기 세팅이 약간 기분 좋은 쪽으로 조절되어 있는 것이다. 낙관적이고 유쾌한 이들의 성품은 타고난 것이므로 그렇지 않은 사람이 모방하기는 어려운 일이나, 그

본인들은 그 때문에 다른 이들보다 더 적은 노력으로도 행복한 삶을 살 수 있다는 것이다. 두 번째는 의미 있는 삶(meaningful life)을 사는 사람이다. 칙센트미하이의 '몰입(flow)'이 바로 여기에 속한다. 무엇인가에 몰입하여 집중할 때 인간은 행복을 느낀다. 몰입의 순간에는 시간도 빨리 흘러가고 자아를 잊은 상태에서 그 대상 또는 문제에 깊이 빠져 드는 것이다. 염세주의 철학자인 비트겐슈타인(Ludwig Wittgenstein)과 같은 사람도 허름한 하숙방에서 혼자 지내면서 비관적인 이야기만 쏟아놓은 일생을 보낸 것을 보면 불행한 사람인 듯하지만, 사실 그는 자신이 좋아하는 주제에 몰입하여 평생을 연구하며 그것을 통해 행복을 맛보았다. 한동안 무엇인가에 집중하고 있다가 탁 깨어나면서 상쾌한 느낌이나 좋은 기분을 느꼈다면 바로 이 몰입의 행복을 느껴 본 것이다. 마지막으로 세 번째는 헌신하는 삶(devoting life)을 사는 사람이다. 다른 사람이나 대상을 위해 아무런 대가 없이 자신이 가지고 있는 시간, 노력, 자원들을 나누어 주는 것이다. 대가를 기대하고 무엇인가를 행할 때는 그 대가로 자신이 받을 보상을 얻게 되지만, 대가 없이 베푸는 행동은 무형의 대가, 즉 행복감으로 자신에게 돌아온다는 것이다. 테레사 수녀나 슈바이처 박사와 같이 자신이 베푸는 것을 갚을 수 없는 사람을 위해 자신의 모든 좋은 것을 버리고 삶을 헌신하는 것은 다른 사람에게도 좋은 일이지만 본인들에게도 무한한 행복감을 가져다주는 일이라는 것이다.

영국의 BBC에서는 이러한 인간의 행복에 대해 저명한 전문가들을 동원하여 프로그램을 만든 적이 있다. 이 프로그램에서 제시한 행복 헌장 십계명은 다음과 같다. 그다지 어렵지 않은 일들이지만 이러한 것 하나하나가 사람들에게 행복을 준다는 것이다.

1. 운동을 하라. 일주일에 3회, 30분씩이면 충분하다.
2. 좋았던 일을 떠올려 보라. 하루를 마무리할 때마다 당신이 감사해야 할 일 다섯 가지를 생각하라.

3. 대화를 나누라. 하루에 온전히 1시간은 배우자나 가장 친한 친구들과 대화를 나누라.
4. 식물을 가꾸라. 아주 작은 화분도 좋다. 죽이지만 말라.
5. TV 시청시간을 반으로 줄이라.
6. 미소를 지으라. 적어도 하루에 한 번은 미소를 짓거나 인사를 하라.
7. 친구에게 전화하라. 오랫동안 소원했던 친구나 지인들에게 연락해서 만날 약속을 하라.
8. 하루에 한 번 유쾌하게 웃으라.
9. 매일 자신에게 작은 선물을 하라. 그리고 그 선물을 즐기는 시간을 가지라.
10. 매일 누군가에게 친절을 베풀라.

2. 주연과 조연

사실 인간의 심리적 고통에 대해 연구한 사람들도 건강한 인간에 대해 이야기하지 않은 것은 아니다. 정신분석의 창시자로 유명한 프로이트(Sigmund Freud)도 행복한 삶에 대해 중요한 이야기를 남겼다. 바로 '일'과 '사랑'에서 성공한 사람이야말로 행복한 사람이고, 이 두 가지 영역에 고르게 에너지를 배치시켜야 한다고 했다. 인지치료의 창시자인 아론 벡(Aron Beck) 역시 사람들의 자신에 대한 핵심적인 믿음이 크게 '능력'에 대한 것과 '사랑'에 대한 것으로 이루어져 있다고 언급한 것을 보면, 두 대가의 학파는 다르지만 핵심적인 이야기는 크게 다르지 않다고 보인다. 그런데 일이든 사랑이든 그것이 즐거운 경험이 되는 조건 중의 하나는 자신이 능동적으로 또는 주도적으로 무엇인가를 해 나가는 것이다. 청소년기에 이런 경험을 겪어 보았을 것이다. 오랜만에 방 청소를 하려고 빗자루를 막 집어드는 순간 어머니가 방문을 열더니 "야, 방이 왜 이리 지저분하니? 얼른 깨끗이 청소해 놓지 못해!" 하고 야단을 치신 것이다. 또는 TV를 보다가 막 일어나서 공부하러 가려는 순간 "넌 수험생이 TV만 보고 있니? 얼른 가서 공부해!"라고 말씀하신 일 등이다. 그런 순간 우리는 빗자루를 내동댕이치거나 책을 핵 집어던지고 싶은 충동과 더불어 오랜만에 가졌던 발전적인 생각이 싹 가시는 것을 경험하게 된다. 이것이 바로 자율적인 결정이 아닌, 타율적인 삶에서 느껴지는 불편감이다. 사랑을 하면 열정이 솟아나고, 사랑하는 사람의 기뻐하는 모습을 떠올리며 밤을 새워 선물을 만들거나 편지를 쓰곤 한다. 먼 곳을 돌아다니며 사랑하는 사람이 원하는 물건을 구하거나 1시간을 기다리고 있어도 그 마음에 기대와 두근거림이 방망이질친다. 이것이 바로 자발성이다. 사이코드라마의 창시자인 모레노(J. L. Moreno)는 자발성(spontaneity)의 정점에서 바로 창조성(creativity)이 발생하며, 그 창조의 기쁨은 마치 작은 도구를 가지고 놀면서도 우주를 넘나드는 상상을 하는 어린아이가 갖는 행복감처럼 우리에게 즐거움을 준다는 것이다. 사이코드라마는 바로 그 창조성을 회복함으로써 자기 인생이라는 드라마의 조연에서 주연으로 행동하며 해묵은 콤플렉스(모레노의 용어로는 잉여현실)를 해결하는 경험을 하는 것이다.

최근 포스트모던 상담이라고도 불리우는 학파들 중 하나인 이야기치료라는 상담에서는 자신이 살아온 이야기를 자서전과 같은 형태로 이야기하거나 써보도록 하는 기법을 사용한다. 앞서 언급한 사이코드라마와 유사하게 이야기(narrative)에는 항상 주인공이 있고 주제와 구성이 있다. 자서전을 쓰는 이 기법을 실시할 때 내담자(상담을 받으러 오는 사람)들은 자기 자신을 주인공으로 해서 주변의 인물과 상황, 여러 가지 문제와 그 해결과정들을 마치 동화처럼 서술한다(여러분들도 생각해 보시라.). 그런데 어떤 사람들은 자신을 주인공으로 하여 재미있고 흥미진진한 이야기를 꾸미는가 하면, 다른 어떤 사람들은 자신이 주인공으로 서술될 만한 이야기를 꾸미기 어려워하거나 심지어 그런 이야기는 재미없는 이야기가 될 것이라고 단정 짓고 만다. 또 어떤 사람들은 자신의 이야기를 함에도 불구하고 주인공이 자기 자신이 아니고 주변 사람들이거나 어떤 사건이 주인공의 위치를 차지해 버리고 있는 가운데 자신은 조연의 역할이 되고 마는 경우도 있다. 그러나 어떤 경우이건 나이는 먹고 시간은 흘러가기 마련이므로 자신의 삶을 그려 나가는 그 이야기에서 자신이 주인공이 되지 못하면 무기력한 자기 자신은 늘 끌려다니는 생활을 하는 것으로 그려질 수밖에 없다. 아니 자신이 그렇게 그려 갈 수밖에 없다. 이야기의 저자가 바로 자신이기 때문이다. 이야기치료에서는 내담자들에게 자신의 이야기를 한 번 쓴 후, 다시 쓰도록 한다. 또한 지금까지 쓰인 이야기와는 다른 결말을 낼 만한 또 다른 대안적인 이야기도 생각해 보도록 한다. 바로 주인공으로서의 자신이 살아갈 이야기를 구성하고 그 이야기대로 살아 나갈 방법을 모색하도록 하는 것이다.

대학생 시기는 대개 청소년기의 후반부이자 성인기의 시작으로 스스로를 책임지고 혼자 결정하며 살아가기 시작한다. 많은 부족들은 예전부터 '성인식'이라는 의식을 통해 고난이나 난관을 스스로 헤쳐 나갈 수 있다는 것을 증명하도록 하고, 그것이 증명되면 성인으로 대접하고 그 사람의 의사결정을 존중해 주는 관습이 있었다. 요즘에는 그러한 의식은 거의 사라졌지만 어쩌면 고등학교를 졸업하는 것, 그리고 대학생이 되고 주민등록증을 받고 미성년자라는 명칭에서 벗어나는 것이 바로 자신의 삶을 자신이 책임지게 되는 시기라는 것을 표시해 주는 몇 가지 신호가 될 것으로 보인다.

이제 대학생으로 살아갈 여러분은 조연이 아니라 주연으로 살아갈 마음이 있는가?

3. 자아실현의 욕구

인간은 다양한 욕구를 가지고 산다. 먹고 싶고, 자고 싶고, 연애하고 싶고, 성공하고 싶고, 다른 사람을 돕고 싶기도 하고, 경우에 따라서는 다른 사람을 공격하고 싶기도 하고, 다른 사람들의 행복을 위해 내 자신을 희생하고 싶기도 하다. 이러한 욕구들은 과연 어떻게 구성되어 있을까? 심리학자들은 인간의 다양한 욕구가 본능에 따르는 것이라고 주장하기도 하고, 열등감을 극복하기 위한 혹은 인간이라는 종족을 번영시키기 위한 것이라고도 하며, 다른 사람들이 하는 행동을 모방하는 것이라는 이론들도 이야기하며 인간이 가진 다양한 욕구를 설명하려 하였다. 그중 가장 영향력 있고도 유명한 이론이 바로 매슬로(A. H. Maslow)의 욕구위계설이다. 매슬로는 인간의 욕구가 일정한 순서로 위계를 이루고 있으며 하위 단계의 욕구가 채워져야만 비로소 다음 단계의 욕구가 지배적인 상태로 나타난다고 설명하였다. 그가 주장한 가장 첫 번째의 욕구는 '생존의 욕구' 또는 '생리적 욕구'다. 생존의 욕구란 식욕, 수면욕, 성욕과 같이 인간의 기본적인 생리현상 및 생존을 유지하기 위한 욕구다. '사흘 굶으면 담장 넘지 않을 사람이 없다.'라든가, '목구멍이 포도청'과 같은 말들은 생존의 욕구가 채워지지 않았을 때 극한 상황으로 치닫게 되는 인간의 모습을 이야기해 준다. 두 번째 욕구는 '안전의 욕구'다. 생존이 보장되면 이제 그 생존이 오래 지속되고 위협받지 않기를 원한다. 배가 고플 때는 식량을 찾지만, 배가 불러도 식량을 계속 찾는 것은 이것을 비축함으로써 나중에 배가 고픈 일이 없게 하려는 안전행동의 하나인 것이다. 안전이 어느 정도 보장되면 세 번째 욕구가 주도적인 이슈가 되는데, 이것이 바로 '소속의 욕구'다. 인간은 사회적 동물이라는 아리스토텔레스(Aristoteles)의 유명한 말과 같이, 혼자 살 수 있는 인간은 없다. 외로움을 달래고 나와 같은 또 다른 존재가 있어서 서로 이해하고 함께 삶을 나눌 수 있다는 것은 매우 중요한 문제이기 때문이다. 나의 존재를 아무도 모른다면, 투명인간과 같이 존재감이 없는 사람이라면, 배가 부르고 안전한 생활을 하고 있더라도 만족하기는 어려운 조건일 것이다. 네 번째 욕구는 '존중의 욕구'다. 어딘가에 소속된 사람은 자기 자신에게 또는 다른 사람에게 존중을 받기 원한다. 정상적인 사고를 가진 사람 중에 '최선을 다해 무시받고 싶다.' '모든 사람이 나를 싫어하도록 하겠다.'라는 목표를 가진 사람은 없다. 이것은 다시 말하면 내가 나를 괜찮은 사람이라고 생각하고 싶고, 남들도 나를 그렇게 봐 주었으면 좋겠다는 욕구를 갖는다는 것이다. 마지막으로 갖는 욕구가 '자아실현의 욕구'다. 지금까지의 네 가지 욕구가 어느 정도 이루어지면 인간은 자신이 진정으로 하고 싶은 일이 무엇인지를 알고 그것을 위해 매진하게 된다는 것이다. 이것이야말로 무엇인가 결핍

됨으로써 발생하는 욕구가 아닌, 스스로 성장하고자 하는 욕구이고, 다른 사람과의 비교나 필요에 따른 것이 아닌 창조를 위한 욕구가 되는 것이다. 지적인 욕구, 심미적인 욕구 등도 이러한 성장에 대한 욕구에 포함되며, 궁극적으로는 자아실현, 즉 자신이 진정 원하는 것을 이루어 내려는 욕구가 가장 상위의 욕구로 자리잡게 되는 것이다.

매슬로의 욕구위계설은 반드시 그 순서를 따르지 않을 수도 있다거나, 상위의 욕구를 갖게 되면 그 성취를 위해 하위의 욕구를 통제할 수도 있다는 등의 반론과 비판을 받기도 했지만 인간의 욕구를 규명하고 위계적으로 설명하려고 노력했다는 점에서 의의가 있다. 내가 나의 인생을 살아가기 위한 여러 가지 계획을 세울 때, 나는 어떤 욕구 수준의 목표를 가지고 있는지 생각해 볼 필요가 있다.

활동1
셀프카메라 사진 찍어 보기

    화가에게 자신의 초상화를 그리도록 의뢰해 본 적 있나요? 아니면 전문 작가에게 프로필 사진을 의뢰해 본 적이 있나요? 흔치 않을 것입니다. 그런데 경험이 있는 사람들의 이야기를 들어보면 정말 초상화를 잘 그리거나 프로필 사진을 잘 찍는 사람들은 그림이나 사진 자체의 기술이 가장 중요한 요소가 아니라고 합니다. 이들은 몇 시간씩 작품의 모델이 될 사람과 이야기를 하면서, 그 사람의 가치관과 성격, 이상향 등에 대해 파악한다고 합니다. 유명 잡지의 인터뷰를 받아도 사진기자는 한참 동안 그 사람의 삶과 가치, 가족 등에 대해 이야기를 시키고 그 사람을 대표할 수 있는 콘셉트에 맞추어 그림을 그리거나 사진을 찍는다고 합니다.

    우리도 오늘은 경험 많은 작가인 양, 포트레이트를 찍어 봅시다. 대상은 자기 자신입니다. 그동안 셀프카메라로 사진을 찍은 경험이 많은 사람도 있고, 민망해서 찍어 보지 못한 사람도 있을 것입니다. 오늘은 사진을 찍되 초상화처럼, 또는 나를 주인공으로 하는 한 소설의 표지모델이라는 생각으로 찍어 보도록 합시다. 내가 주인공으로 출연하는 소설은 어떤 내용일지 생각해 보고, 그 줄거리도 생각해 보도록 합시다. 그러면 표지에 있는 바로 그 사람이 어떤 표정과 동작을 해야 할지 좀 더 떠오를 수도 있을 것입니다.

🔽 지금 휴대전화나 카메라를 꺼내서 작품을 만들어 보세요.

🔽 인화가 가능하다면 이 페이지에 붙여 보는 것도 좋겠습니다.

활동2
아이디를 찾아보자

🔽 자신이 주로 사용하는 메일들의 아이디를 적고 그 의미를 적어 봅시다.

_____@_____ : _____
_____@_____ : _____

🔽 온라인 카페나 미니홈피에서 주로 사용하는 대화명도 적고 그 의미를 적어 봅시다.

_____ : _____
_____ : _____
_____ : _____

🔽 자기가 불리고 싶은 아이디 또는 대화명을 고르거나 새로 정해 그 의미를 적어 봅시다.

_____ : _____

🔽 위의 단어들과 설명에서 주로 나타나는 나의 모습은 어떠합니까? 아래 단어쌍에서 표시해 봅시다.

적극적 — 1 — 2 — 3 — 4 — 5 — 6 — 7 — 8 — 9 — 소극적

이성적 — 1 — 2 — 3 — 4 — 5 — 6 — 7 — 8 — 9 — 감성적

내향적 — 1 — 2 — 3 — 4 — 5 — 6 — 7 — 8 — 9 — 외향적

보수적 — 1 — 2 — 3 — 4 — 5 — 6 — 7 — 8 — 9 — 진보적

주 연 — 1 — 2 — 3 — 4 — 5 — 6 — 7 — 8 — 9 — 조 연

내 삶의 목표와 비전

생 / 각 / 해 / 봅 / 시 / 다

☒ 체육대회 날입니다. 발야구를 하기 위해 주전자로 물을 뿌려 선을 긋고 있습니다. 다음 중 운동장에 가장 줄을 잘 그을 수 있는 사람은 누구일까요?

1) 은비: 지금 물이 떨어지고 있는 곳을 바라보면서 줄을 긋고 있다.
2) 희철: 뒤로 돌아 지나온 선을 바라보면서 줄을 긋고 있다.
3) 수민: 내가 가야 할 지점을 바라보면서 줄을 긋고 있다.

☒ 이 이야기는 직업선택과 관련하여 무엇을 전달하고자 꺼낸 이야기일지 생각해 봅시다.

_____

_____

_____

_____

_____

_____

_____

_____

_____

_____

_____

_____

_____

_____

_____

1. 비전

비전(vision)이란 본다는 뜻이다. television은 멀리(tele) 있는 것을 본다는 것이고, provision은 앞을(pro) 본다는 뜻에서 준비, 예비의 뜻을 가지고 있다. 그런데 최근에는 이 비전이라는 말이 회사나 기관에서 더 많이 사용되고 있다. 가령 이 회사의 비전이 무엇인가, 또는 이 기관의 비전이 무엇인가라고 묻는 것이다. 유명한 회사들의 비전들을 예를 들면 다음과 같다.

"물을 이긴다."

코카콜라

"자동차의 대중화"

포드

"우리가 경쟁하는 시장에서 최상의 고객체험을 안겨 줌으로써 세계에서 가장 성공한 컴퓨터 회사가 되는 것이다."

델 컴퓨터

"세계에서 가장 뛰어난 '퀵 서비스 레스토랑'이 되는 것이다."

맥도널드

"항공기 운항의 표준 모델이 되는 것"

보잉

여기에서 말하는 비전이란 존재의 이유를 말하는 것이고, 궁극적으로 성취하고자 하는 목표를 말한다. 비전이 명확할 때 사람들은 동기를 가지고 그 일에 뛰어들고, 난관이나 어려움이 있어도 그 비전을 위해 역경을 이겨 낸다. 좋은 비전은 대개 단순하고 선언적이며 많은 사람들이 공감할 수 있는 내용을 축약적으로 제시한 것이다. 그러나 비전은 단시간에 이루어지기는 어려운 목적이다. 그러기에 더욱 많은 사람들이 힘을 합쳐 그 비전을 이루기 위해 노력하게 되고 그것이 집약된 힘을 만들어 내어 그 기업을 성공하게 하는 것이다.

기업과 마찬가지로 개인도 비전을 가져야 한다. 개인의 비전은 그 개인의 존재 이유다. 그 사람이 평생을 살아가며 이루고 싶은 가치의 핵심이라 할 수 있다. 그 목표는 단기간에 이루어지는 것은 아니다. 예를 들어, 일류 대학에 진학하는 것이 목표이자 비전인 사람은 그것을 이룰 때까지는 최선을 다해 노력하겠지만 막상 대학에 진학하고 나서는 방향 상실에 따른 허무함에 시달리게 된다. 좋은 사람과 연애하고 결혼하는 것, 좋은 직장을 얻는 것 등 한계가 있는 목표는 일정 기간이 지나면 힘을 잃고 만다. 이러한 목표는 비전을 이루기 위한 중간 단계로 설정할 수는 있지만 삶 전체를 이끌어 가는 힘으로써의 역할을 감당할 수는 없다. 여기서 몇몇 사람의 비전을 살펴보자.

> "더 나아지려고 노력하지 않으면 반드시 평범해진다."
> 올리버 크롬웰(1599~1658), 영국 호국경

> "눈은 별을 향하되, 발은 땅에 두어라."
> 시어도어 루스벨트(1858~1919), 미국 26대 대통령

> "나는 항상 최고가 되는 것을 꿈꾼다. 꿈꾸지 않으면 근처에도 가지 못한다."
> 헨리 카이저(1882~1967), 카이저철강 창업자

위 사람들의 비전은 앞서 설명한 내용과 일치한다. 언젠가 이루게 되고 그 이후에는 효력이 사라지는 목표가 아닌, 평생을 노력해도 이룰 수 없는 꿈이기에 이들은 열정이 소진되지 않고 평생을 살 수 있었던 것이다. 비전(꿈)에 대한 다음 유명한 사람들의 이야기들을 읽어 보자.

"기회는 비전(꿈)을 가진 자에게 찾아온다."

파스퇴르

"성공은 명확한 꿈과 목표에서 시작된다. 꿈과 목표는 단순한 바람이어서는 안 된다. 불타는 듯한 열렬한 소망이어야 한다. 꿈과 목표를 명확하게 하면 기적적인 일들이 벌어진다."

성공학의 아버지 나폴레온 힐

"우리는 꿈을 갖고 성장한다. 위인들은 모두 꿈을 꾼 사람들이었다. 그들은 봄 날의 안개를 보면서도 꿈을 꾼다. 보통 사람들은 꿈이 사그라지게 하지만 위대한 사람들은 꿈을 키워 나간다."

미국 28대 대통령 우드로 윌슨

"비전(꿈)은 당신이 마음속에서 품는 야망의 청사진이며, 당신을 원하는 방향 으로 인도해 주는 나침반이다."

셰리 카터 스콧 박사의 『성공의 법칙』 중에서

"인생의 목표를 설정하는 것은 씨앗을 뿌리는 것과 같다. 목표를 세우지 않는 것은 씨도 뿌리지 않고, 땅에서 새싹이 돋아나길 기다리는 것과 같다."

셰리 카터 스콧 박사의 『성공의 법칙』 중에서

"1979년 하버드 MBA 과정 졸업생들을 대상으로 목표 설정에 관한 조사를 하 였는데, 졸업생 중 3%는 자신의 목표를 세워 그 달성 계획을 기록해 놓았고, 13% 는 목표가 있었지만 기록하지는 않았고, 나머지 84%는 목표가 없었다. 10년 후, 목표가 있었던 13%는 목표가 없었던 84%의 졸업생들보다 평균 2배의 수입을 올 리고 있었고, 뚜렷한 목표를 기록해 두었던 3%는 나머지 97%보다 무려 10배의 수 입을 올리고 있었다."

세계적 컨설턴트 브라이언 트레이시

"목표가 없는 사람은 목표가 있는 사람을 위해 평생 일해야 하는 종신형에 처해 져 있다."

세계적 컨설턴트 브라이언 트레이시

"최종 기한을 정하지 않은 목표는 장전하지 않은 총탄과 같다. 최종 기한이 없는 목표나 결정은 한낱 탁상공론에 불과하다. 그 안에는 에너지가 없다. 스스로 최종 기한을 정해 놓지 않는다면, 당신의 삶도 '불발탄'으로 끝나고 말 것이다."

세계적인 컨설턴트 브라이언 트레이시

"큰 꿈을 가져라. 절대 도중에 멈추어서는 안 된다. 부정적인 생각으로 자신을 망쳐서는 안 된다. 오늘만 사는 게 아니라 내일을 생각하라. 당신을 성공으로 몰아가는 습관을 키우는 것이다."

스티븐 스필버그

"성공의 첫 번째 조건은 집중력이다. 즉, 한 가지 문제에 육체적, 정신적 에너지를 집중시키는 능력이다. 또 하나는 목표 설정이다. 반드시 성공시키고 싶다는 진짜 목표를 갖고 그 목표를 달성한 모습을 상상하는 것이다."

〈석세스 매거진〉 기자와의 인터뷰에서, 발명왕 에디슨

"자신의 목표에 대한 명확한 그림을 그리지 못하고 목표에 도달하는 정확한 지도가 없다면, 여행을 시작할 수 없다."

스티븐 스콧의 『꿈을 실현하는 사람들의 15가지 성공비결』 중에서

"인공위성은 우연한 발명으로 지구를 돌고 있는 것이 아니라, 과학자들이 '우주를 정복한다'는 일을 우선 목표로 설정했기 때문이다. 목표가 수립되기 전까지는 아무 일도 생기지 않으며, 한 걸음도 전진할 수 없다. 목표가 없다면 사람은 다만 인생을 방황하기만 할 뿐이다. 자기가 어디로 가는지도 모르는 상태로 비틀거리면 결국 아무 데도 갈 수 없게 된다."

데이비드 슈워츠의 『리더의 자기암시법』 중에서

"우리가 갈 길을 스스로 조종하지 않으면 누군가 다른 사람이 우리를 조종하게 된다."

제너럴 일렉트릭 전 회장 잭 웰치

"세상의 모든 일은 자신이 생각한 대로 된다! 그것이 성공이든, 실패이든, 자신

이 할 수 있다고 생각하든, 할 수 없다고 생각하든, 그대로 된다!"

자동차 왕 헨리 포드

"꿈을 계속 간직하고 있으면 반드시 실현할 때가 온다."

괴테

"자신이 원하는 것을 생생하게 그릴 수만 있다면 머지않아 현실화된다."

베스트셀러 작가 삭티 거웨인

"아름다운 꿈을 지녀라. 그리하면 때 묻은 오늘의 현실이 순화되고 정화될 수 있다. 먼 꿈을 바라보며 하루하루 마음에 끼는 때를 씻어 나가는 것이 곧 생활이다. 이것이야말로 나의 싸움이며 기쁨이다."

릴케

"인생은 무엇이든지 자기의 꿈을 사는 과정이다. 꿈을 사는 사람은 아름답다. 꿈을 사는 사람은 언제나 젊다. 꿈을 사는 사람은 나태하지 않는다. 꿈을 사는 사람은 항상 생명력이 넘쳐흐른다."

시인 조병화

"그 친구는 사는 동안 하루도 빼놓지 않고 꿈을 가지고 있었고, 한 꿈이 이뤄지면 또 다른 꿈을 꾸며 살았어. 그 친구를 통해 많은 사람들이 꿈이란 어떻게 꾸는 것인지, 더 멋진 세상은 어떻게 상상해야 하는 것인지 알게 되었지. 그 친구 이름이 바로 월트 디즈니야."

짐 스토벌의 『최고의 유산 상속받기』 중에서

"묵시(vision)가 없으면 백성이 방자히 행한다." (꿈이 없는 백성은 망한다)

구약성서 잠언 29:18

한 젊은이가 마차를 몰고 가다가 수렁에 빠졌다. 그러자 그는 수렁에서 건져 달라고 신에게 기도했다. 그때 하늘에서 천사가 내려와 뒷통수를 때리며 말을 했다. 이 천사가 과연 뭐라고 말했을까? 그 천사는 이렇게 말했다고 한다. "짜식아! 밀면서 기도해!" 하늘은 스스로 돕는 자를 돕는다는 말이 있다.

이내화의 『당신이 아는 것처럼 이 세상에 공짜는 없다!』 중에서

"나는 계속 실패하고 또 실패했다. 그것이 내가 성공한 이유다. 성공에는 지름 길이 없다. 한 걸음씩 나아가는 것뿐이다. 어떤 일을 하던 목표를 달성하는 데 이보다 뛰어난 방법은 없다."

농구 황제 마이클 조던

"만약 꿈꿀 수만 있다면, 그 꿈을 이룰 수 있다."

월트 디즈니

"꿈은 한 번에 이루어지지 않는다. 끊임없이 노력해야 한다."

『해리포터』의 저자 조앤 K. 롤링

"목표를 적어라! 시각화하라! 자기 확신을 가져라!"

잭 캔필드의 『꿈을 도둑맞은 사람들에게』 중에서

"승자의 주머니 속에는 꿈이 있고, 패자의 주머니 속에는 욕심이 있다."

탈무드

"지금 자면 꿈을 꿀 수 있지만 안 자면 꿈을 이룰 수 있다."

가수 비

"뛰어난 슈팅은 하루아침에 만들어지지 않는다. 오랜 연습 끝에 익혀지는 감각에서 나오는 것이다."

데이비드 베컴

"어떤 말을 만 번 이상 되풀이하면 반드시 미래에 그 일이 이루어진다."

아메리카 인디언 금언

"우리가 겪는 어려움은 실수를 너무 많이 하기 때문이 아니라, 실수를 너무 하

지 않기 때문이다."

나이키 공동 창립자 필립 나이트

"자신이 하는 일을 재미없어 하는 사람치고 성공하는 사람을 본 적이 없다."

데일 카네기

"코이라는 일본 잉어가 있다. 이 잉어를 작은 수족관에 넣어 두면 5~8cm밖에 자라지 않는다. 하지만 더 큰 수족관이나 연못에 넣어 두면 15~25cm까지 자란다. 그리고 강물에 방류하면 무려 90~120cm까지 성장한다. 꿈이란 코이라는 물고기가 처한 환경과도 같다. 더 큰 꿈을 꾸면 더 크게 이룰 수 있다. 꿈의 크기는 제한을 받지 않는다. 꿈이 클수록 난관이나 장애물은 사소하게 여겨진다. 성공하는 삶은 항상 커다란 꿈과 함께 시작된다."

『카네기 명언집』 중에서

꿈 되새기기. 누구에게나 '꿈'이 있습니다. 하지만 꿈이 그저 꿈으로 끝나 버리는 경우가 많습니다. 머릿속에서 맴도는, 입속에서 맴도는 그 꿈을 노트에 적어 봅시다. 좋은 노트에 적혀 있는 그 문장은 그 순간 '목표'가 됩니다. 구체적인 날짜까지 적혀 있다면 더 좋겠지요. 목표가 생겼다고 자동적으로 이루어지는 것은 물론 아닙니다. 그 목표를 좀 더 세세하게 나누고 잘라 그다음 페이지에 적어 봅시다. 그 글들은 그 순간 '계획'이 됩니다. 계획이 만들어졌습니까? 그럼 이제 '실행'만이 남았습니다. 내가 써 내려간 계획들을 꾸준히, 좌절하지 않고 실행하면 나의 처음 꿈은 이루어집니다. 당신은 꿈, 목표, 계획을 적어 놓은 노트가 있습니까?

그레그 S. 레이드의 『10년 후』 중에서

꿈 또는 비전에 대한 중요성을 이야기한 사람들이 이렇게 많다는 것, 그리고 그들이 스스로 무엇인가를 성취한 사람들이라는 사실은 비전 세우기가 얼마나 필수적인 요소인지를 보여 주고 있다. 비전을 세운 다음에는 목표를 세우는 일이 필요하다.

2. 사 명

사명(mission)은 비전을 이루기 위해 택하는 방법 또는 그 비전을 가장 효율적으로 이루기 위한 길을 말한다. 개인에게는 이 사명이 바로 직업의 선택이 될 수 있다. 따라서 직업의 선택은 우선 비전이 결정된 이후에 그 비전을 이루기 위한 효율적인 방법이 되는 것이다. 예를 들어, 민서의 비전은 '아무도 고통 없이 사는 세상을 이루는 것'이라면 그 비전을 이루기 위해 민서가 갖게 되는 사명은 '신체적인 고통'을 없애기 위한 의사가 될 수도 있고, '정신적인 고통'을 없애기 위한 임상심리학자가 될 수도 있다. 또는 '빈곤에 따른 고통'을 없애기 위해 사회운동가가 되어서 활동할 수도 있다. 심지어는 고통당하는 사람들의 모습을 사진이나 다큐멘터리로 찍어서 다른 사람들에게 알리고 그것을 통해 다른 사람들의 의식을 변화시키는 기자가 될 수도 있다. 같은 비전을 가지고 있어도 그것을 성취해 나가는 방식은 이처럼 다양할 수 있다.

사명을 선택하기 위해서는 우선 자신에 대해서 잘 알아야 한다. 자신이 현재 가지고 있는 내·외적인 자원을 알아야 그것을 가장 효율적으로 사용할 수 있는 방법을 선택할 수 있다. 또한 자신의 적성이나 성격에 대한 통찰 역시 소유하고 있어야 한다. 스스로 재미를 느끼고 관심이 있는 것, 지금까지 익숙해져 있는 것들이 활용하기 좋은 것이다. 또한 자신의 경험에 대해 알아야 한다. 자신의 성장환경, 교육환경 및 그것들을 통해 이루어진 가치관 등에 대해 잘 파악하여야 적절히 활용할 수 있다. 한편 사명의 선택과정에서는 덧셈뿐 아니라 뺄셈도 필요하다. 자신이 잘 견디지 못하는 것들, 싫어하는 것들도 조사해야 한다는 말이다. 특별히 노력을 많이 하거나 어려움을 참고 해내는 일이 남들보다 더 못한 결과로 나타나거나 유사한 정도에 그친다면 그런 일은 선택하지 않는 것이 모두에게 유익하기 때문이다.

사명과 비전에 관련하여 중요한 것 중 하나는 사명이 달라도 비전이 같은 사람을 많이 만나고 관계를 갖는 것이다. 사명 또는 직업만 같은 사람은 협력이 되고 도움이 되기도 하지만 경우에 따라서는 경쟁자가 되기도 한다. 그러나 그 상위 단계인 비전이 같은 사람이라면 같은 직종(사명)끼리는 분명히 협조가 될 것이고, 다른 직종(사명)끼리는 아이디어의 제공과 상호 간의 보완이 이루어질 것이기 때문이다. 후에 다시 다루겠지만 대인관계의 확장과 네트워크의 형성에서 비전이 같다는 것은 매우 큰 공통기반을 제공해 주고 그 성취에 가장 도움이 되는 요인이 될 것이다.

3. 목표

목표(objective)는 사명을 선택하고 이루기 위해 중간 중간 거쳐야 할 관문들이다. 앞에서 언급한 민서의 경우 '모든 사람이 고통 없이 지내는 것'이 비전이었고, 여러 상황을 고려하여 '최고의 의료기기를 만드는 것'을 사명으로 삼았다고 하자. 아마도 민서는 기계를 만들거나 조립하는 것을 좋아하는 자신의 적성을 발견했거나, 자신이 어린 시절에 걸렸던 큰 병을 특수한 장비를 통해 치료받았던 경험을 떠올렸거나, 문학적인 자질이나 예술적인 자질보다는 실물을 다루는 것에 대한 자질이 뛰어남을 활용했거나, 컴퓨터를 통해 3차원 형상을 다루는 것에 남다른 소질을 보였거나 하는 등의 근거를 통해 판단하였을 것이다. 어떤 과정을 겪었든 '최고의 의료기기를 만드는 것'을 선택했다면, 그것을 이루기 위해 어떤 중간 과정이 필요한지를 알아보고 그것을 단기적인 목표로 삼는 것이 필요하다. 예를 들면, '의공학과'에 진학하는 것이 그 첫 번째 목표가 될 수 있겠고, 관련 자격증을 취득하는 것이 그다음의 목표가 될 수 있겠다. 특정 컴퓨터 프로그램을 배우는 것이 중간 목표가 될 수 있으며, 최고의 의료기기에 필요한 보다 나은 기술을 배우기 위해 유학을 결심할 수도 있다. 유학을 하기 위해 영어 공부를 하는 것도 하나의 목표가 될 수 있다.

비전은 하나였지만 사명은 사람마다 다를 수 있다. 목표는 한 개인에게서도 여러 가지로 나뉠 수 있다. 나이와 단계에 따라 다양한 목표가 설정될 수 있고, 이것은 일정 시간이 지나면 성취로 나타날 수 있다. 따라서 목표는 '구체적이고도 확인 가능한' 것으로 정하는 것이 좋다. 막연히 '영어를 잘하겠다'라는 목표는 정해진 기한과 구체적인 세부 내용이 없기 때문에 스스로 잘했는지 못했는지 평가할 수 없고, 그때그때 기분에 따라 잘한 듯도 싶고 못한 듯도 싶어 혼란스러울 뿐이다. 예를 들어, 2학년 말까지 'TOEIC 점수 800점'과 같은 시간과 분량을 정하여 확인 가능하게 목표를 세운다면 이것은 일정 시간 이후에 평가를 통해 성취의 기쁨을 누리거나 추가하여 노력할 부분을 확인할 수 있게 될 것이다.

목표의 크기는 시간의 길이와 비례한다. 10년 후에 다다를 중간 목표는 좀 더 크고 시간을 필요로 하는 것이고 일주일 후에 이룰 목표는 며칠간의 노력으로 이룰 수 있는 것들이다. 그런데 기간이 긴 목표일수록 세분화시키는 것이 도움이 된다. 왜냐하면 사람들은 '급한 일'과 '중요한 일' 중에 급한 일을 먼저 하는 경향이 있기 때문이다. 급한 일은 하지 않으면 금방 표시가 나고 결과가 나타나며 대개 짧은 시간에 끝낼 수 있기 때문에 압박감도 크고 할 수 있을 것이라는 자신감도 크다. 그러나 중요한 일들은 대개 금세 결과가 나타나지 않고 많은 시간을 필요로 하지만, 일정 시간이 지나가고 나면 목표에 압도되어 실시 자체가 불투명해지는 경향이 있다. 따라서 긴 시간을 둔 목표, 중요한 일 등은 작은 목표로 세분화하여 작성하는 것이 좋다. 다음 장에서 다룰 진로 포트폴리오가 바로 그것을 위해 필요한 것이다.

활동1
무한한 능력

▶ 기분 좋은 상상을 한 번 해 보도록 합시다.

만약 여러분이 셀 수 없을 정도로 무한한 돈을 가지고 있다면,

세상에서 가장 똑똑한 사람이 되어 무엇이든 다 배우고 익혀서 사용할 수 있다면,

그리고 죽음을 걱정하지 않아도 될 충분한 건강과 넉넉한 시간이 제공된다면,

과연 무엇을 하고 싶어질까요?

▶ 쉽게 생각하면 그동안 하지 못했던 모든 것을 하고 싶겠지만, 조금만 더 생각하면 어떤 일
들은 쉽게 질리거나 그만두게 될 수 있습니다. 자신의 모든 자원을 사용하여 하고 싶은 일
들을 진지하게 찾아보고, 그 이유도 써 봅시다.

〈하고 싶은 일〉

〈그 이유〉

※ 이 질문의 답이 당신의 비전일 수도 있습니다.

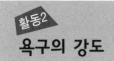 

활동2
욕구의 강도

▣ 다음은 여러분이 가질 수 있는 다양한 욕구의 목록입니다. 자신의 욕구를 잘 파악하는 것은 비전과 목표를 선택하고 결정할 때 기초 자료가 됩니다. 각 항목에 대해 자신에게 얼마나 중요한지를 100점 만점으로 표시해 보고, 막대그래프로 그려 비교해 봅시다.

1. 생존과 안전: 의식주를 비롯하여 자신이 현재 가진 신체, 재산, 본질적인 인간관계에서 결핍을 경험하지 않고 안전하게 유지하기를 바라는 욕구

2. 질서와 확신: 자신의 인생에 대해서 불확실성이 감소하고 대체적인 일들이 예측 가능하기를 바라는 욕구

3. 성장과 발달: 자신의 발전에서 기쁨을 느끼는 것. 활동을 통해 새로운 것을 알아 가고 이전의 모습보다 발전했다는 것을 발견할 때 성취감을 느끼는 것

4. 희망과 포부: 자신의 미래와 세계에서 희망과 낙관적 생각을 가짐으로써 즐거워지는 것. 어려운 일이 발생하더라도 그것을 극복한 후를 떠올리며 힘을 얻는 것

5. 자유와 선택: 자신의 삶에 대해 스스로 결정하고 통제할 수 있다는 것이 중요하게 생각되고 그것을 통해 자유로움을 느끼고자 하는 욕구

6. 정체성과 헌신: 자신만의 목표, 가치관, 일을 가지고 있으면서 다른 사람과 구별되는 사람이기를 희망하는 것

7. 보람 있는 일: 다른 사람이 필요로 하고 중요한 사람으로 알아주기를 바라는 욕구. 자신의 삶이 사회에 긍정적인 영향을 미치고 있음을 아는 것

8. 사회에 대한 신뢰: 사회가 중요한 목표 달성을 허락할 것이고 합리적인 기회를 제공할 것이며, 공정하게 보상되는 희생과 노동을 허락할 것이라고 느끼고 이를 달성하고자 하는 욕구

| 100 |
| 80 |
| 60 |
| 40 |
| 20 |
| 0 |

구분	1 생존/ 안전	2 질서/ 확신	3 성장/ 발달	4 희망/ 포부	5 자유/ 선택	6 정체성/ 헌신	7 보람	8 사회 신뢰

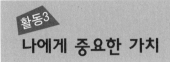

▼ 다음 항목들은 직업생활에서 중요하게 생각할 수 있는 여러 가지 요건들입니다. 나는 개인적으로 어떤 것을 중요하게 생각하는지를 □ 안에 √ 로 표시해 봅시다. 또 여기 언급되지 않은 중요한 사항이 있다면 아랫부분의 빈칸에 적어 봅시다.

가치	욕구	구체적 내용
성취	□ 능력 활용 □ 성취	나는 내 능력을 활용할 수 있는 것을 하고 싶다. 그 직무는 내게 성취감을 줄 수 있다.
평안함	□ 활동 □ 독립성 □ 다양성 □ 보수 □ 안정성 □ 작업 조건	나는 항상 바쁘게 지낼 수 있다. 나는 그 직무를 혼자서 감당할 수 있다. 나는 매일 다른 일을 할 수 있다. 나의 보수는 다른 고용자와 비교할 수 있을 정도다. 내 직업은 지속적인 고용이 가능하다. 그 직무는 작업 조건이 좋다.
지위	□ 승진 □ 인정 □ 권위 □ 사회적 지위	그 직무는 승진 기회를 제공한다. 내가 하는 일에 대해 인정받을 수 있다. 내가 하는 일을 타인에게 말할 수 있다. 나는 공동체에서 '뭔가 의미 있는 사람' 일 수 있다.
이타성	□ 직장 동료 □ 도덕적 가치 □ 사회적 봉사	직장 동료들은 쉽게 친구가 되어 준다. 이 직무는 비도덕적이라는 느낌 없이 할 수 있다. 나는 다른 사람들을 위해서 무언가 할 수 있다.
안정성	□ 회사 정책과 관행 □ 감독 – 인간관계 □ 감독 – 기술	그 회사는 정책을 공정하게 실행할 것이다. 나의 상사는 부하들을 지원할 것이다. 직장 상사는 부하 직원을 적절히 훈련시킬 수 있다.
자발성	□ 창조성 □ 책임성	나의 생각 중 일부를 실행해 볼 수 있다. 나는 스스로 결정을 내릴 수 있다.
	□ □	

커리어 포트폴리오

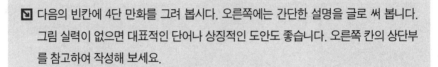

생 / 각 / 해 / 봅 / 시 / 다

☑ 다음의 빈칸에 4단 만화를 그려 봅시다. 오른쪽에는 간단한 설명을 글로 써 봅니다.
그림 실력이 없으면 대표적인 단어나 상징적인 도안도 좋습니다. 오른쪽 칸의 상단부
를 참고하여 작성해 보세요.

	지난 10년 중의 가장 큰 성취
	현재 갖고 있는 재능이나 능력
	10년 후의 내 모습
	20년 후의 내 모습

1. 커리어 포트폴리오란

포트폴리오는 자신의 경력과 기술을 증명할 수 있는 문서를 수집해 이를 간편히 휴대할 수 있도록 파일에 정리해 놓은 형태를 말한다. 대개 미술을 하는 사람은 자신의 작품을 화첩 등으로 정리하고, 광고를 하는 사람은 자신이 이전에 관여했던 광고 도안들을 바인더나 파일 등에 담아서 보관한다. 건축을 하는 사람들은 자신이 설계했거나 직접 건축한 집의 사진과 설명 등을 정리하여 한 번에 볼 수 있도록 만들어 놓는다. 이런 포트폴리오를 준비했다가 고객을 만나거나 자신의 능력을 증명해야 할 필요가 있을 때 일목요연하게 제공하는 것이다.

이 책에서 이야기하는 커리어 포트폴리오(career portfolio)는 경력(career)에 대한 포트폴리오를 말한다. 나 자신에 대한 일목요연한 정리, 특히 나의 경력 및 능력에 대한 정리를 깔끔하게 해 놓은 포트폴리오다. 여기에는 자신의 경력과 기술, 진로계획을 이루어 가는 과정이 명료하게 나타나야 한다. 자신의 진로성취를 위해 대학생활을 어떻게 보냈는지를 알려 줄 수 있는 것이다. 이러한 포트폴리오를 미리 작성해 놓는다면 비전에 따라 자신의 대학생활을 좀 더 일관성 있게 만들어 가고 합리적인 의사결정을 할 수 있을 것이다.

2. 커리어 포트폴리오의 필요성

커리어 포트폴리오는 두 가지 상황에서 그 위력이 나타난다. 첫 번째는 대학 1학년부터 커리어 포트폴리오를 작성하는 경우다. 대학생활은 고등학교까지의 생활과 달리 대부분의 시간과 할 일을 자신이 결정한다. 따라서 각자 정한 비전과 목표 및 그 실행능력에 따라 같은 학교, 같은 학과에 속해 있다 하더라도 매일의 생활이 다르고, 그 결과 4년 후의 변화는 천양지차로 나타나게 된

다. 미리 준비한 커리어 포트폴리오는 이 하루하루의 생활을 정리하고 조절해
주는 역할을 한다. '중요한 일'이 차례로 나열되어 있는 미완성의 커리어 포트
폴리오는 계획표의 역할을 하고, 긴 시간을 요구하는 중요한 목표를 짧은 시
간에 확인할 수 있는 시급한 목표로 바꾸어 하나하나 채워 가는 기쁨을 느끼
게 해 준다.

커리어 포트폴리오의 두 번째 위력은 대학을 졸업하면서 취업을 할 때 다시
한 번 나타난다. 커리어 포트폴리오가 있는 학생들이라면 직업을 구할 때 자
신이 직업성취를 위하여 학교생활을 하는 동안 어떤 활동을 했는지 잠재적인
고용인에게 일목요연하게 보여 줄 수 있다. 또한 학생들이 대학이나 대학원
입학 시 면접하는 과정에서 그 학교에 대해 뚜렷한 목표를 가지고 준비해 온
포트폴리오를 제시한다면 이는 면접관들에게 좋은 인상을 주게 된다. 직업 면
접이나 학교 진학 면접 과정에서 면접관들은 학생이 제시하는 포트폴리오를
통하여 학생이 이야기하는 경력에서 진실성을 보게 되고, 이를 통하여 신뢰감
을 가지게 된다. 또한 체계적으로 준비한 자료를 통하여 학생의 준비성을 인
식한다.

3. 커리어 포트폴리오의 내용(1): 1부 적절한 직업의 탐색

1학년에 작성하는 커리어 포트폴리오에는 적절한 직업의 탐색 영역인 1부
가 포함된다. 이 부분은 앞서 이야기한 커리어 포트폴리오의 첫 번째 필요성
및 1, 2장의 비전, 목표와 관련이 있다. 다음에 소개되는 항목들이 1부에 포함
될 내용이다. 앞으로 4장부터 11장에 걸쳐 이 포트폴리오를 작성해 가는 과정
을 차례로 설명할 것이다.

1) 내가 생각하고 있는 직업의 특성
- 희망 직업
- 직업 분류
- 하는 일(주된 활동)
- 일하는 장소
- 근무시간
- 이 직업 종사자의 특징
- 이 직업을 위해 필요한 기술
- 이 직업에서 요구하는 대인관계
- 급여(수습기간)
- 급여(수습기간 후)
- 급여(최대)

2) 희망하는 직업을 위해 대학교육에서 준비할 것
- 이 직업에서 요구되는 전공
- 이 직업에 필요한 교과목명/개설학과/개설학년

3) 희망하는 직업의 전망
- 이 직업분야의 장점, 단점, 기회요소, 위험성
- 이 직업의 5년, 10년 후의 전망
- 이 직업의 대안으로서의 유사한 다른 직업

4) 직업 관련 전문가로서의 성장 가능성
- 전공 관련 대학원이 개설된 대학원
- 대학원 학비
- 대학원에 가능한 장학금
- 연수 및 추가 교육이 가능한 다른 기관

4. 커리어 포트폴리오의 내용(2): 2부 나의 커리어

2부에 포함될 커리어 포트폴리오의 내용은 실제 완성된 포트폴리오에 들어갈 내용으로 구성된다. 특정 직업에 맞추어진 포트폴리오는 왜 내가 그 직업에 적합한 사람인지를 잠재적 고용주에게 설득하는 내용으로 만들어지는데, 구체적 항목은 해당 직업과 지원자의 창의성에 따라 다양하게 나타날 수 있다. 일반적으로 권장할 수 있는 항목은 다음과 같다.

---

1) 개인적 특성(personal characteristics that add value)
- 자신의 비전과 목표(2장)
- 자신의 성격 및 적성

2) 경험(experience)
- 직업과 관련한 개인적인 독특한 경험
- 봉사활동, 동아리 등 직업과 연관된 노력

3) 실적(accomplishments)
- 해당 직업과 관련될 만한 경력
- 수상 경험
- 관련 단체 또는 소속 기관의 직책을 맡은 경험

4) 지식(knowledge) 또는 기술(skill)
- 해당 직업과 관련된 수강과목
- 자격증(전공 관련, 어학 관련, 전산 관련)
- 어학 인증 시험 점수 또는 등급
- 워크숍 및 연수과정 수료

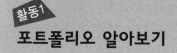

포트폴리오 알아보기

☑ 한 포털사이트(예: 네이버, 다음, 엠파스 등)를 선정하여 '포트폴리오'라는 단어를 검색해 보도록 합시다. 미술, 경제, 교육 분야에서 각각 포트폴리오라는 단어가 어떻게 쓰이는지를 살펴봅시다. 또한 포트폴리오를 만들기 위한 파일이나 책, 스크랩북은 어떤 것들이 있는지 알아보고 각자 포트폴리오로 사용할 도구(예: 파일, 책, 스크랩북 등)를 정해 봅시다. 비싼 것보다는 정성이 들어간 것으로 계획을 세워 봅시다. 앞으로 여러분의 미래가 그 책 안에 차곡차곡 쌓이게 될 테니까요.

☑ 이 책의 '생각해 봅시다'와 '활동' 코너의 모든 연습들은 여러분의 포트폴리오에 포함될 자료입니다. 매 주 진행될 때마다 관련된 내용을 정리하여 담아 놓고 11장에서 소개되는 커리어 포트폴리오 제작에 활용하도록 합시다.

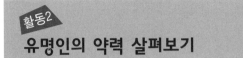

유명인의 약력 살펴보기

▶ 여러분이 존경하는 사람, 좋아하는 사람, 또는 여러분이 하고 싶은 일을 현재 하고 있는 사람을 정하여 약력을 찾아봅시다. 학력과 경력, 자격 및 그 사람의 삶에 대해 최대한 많이 알아봅시다. 어떤 과정을 거쳐서 현재의 일을 하게 되었는지, 그 사람의 경력과 약력은 계획된 것이 많은지, 아니면 우연에 따른 것이 많은지, 삶의 비전이나 목표가 있었는지 등을 다양한 경로를 통해 알아보도록 합시다. 그 사람이 직접 만든 포트폴리오를 볼 수는 없겠지만 우리가 나름대로 재구성해 볼 수도 있겠지요?

〈대상 선정의 예〉
- 내 전공 분야의 기관장
- 자영업체 사장
- 공직자
- 교사나 교수
- 연예인
- 위인

〈대상자에 관한 정보 검색의 방법〉
- 자서전
- 잡지 인터뷰
- 직장 홈페이지
- 저서의 저자 소개
- 기타 포털사이트(유료 인물 검색 및 무료 검색)

자아정체감

생/각/해/봅/시/다

🔽 다음 빈칸에 나에 대한 이야기를 채워 봅시다.

1. 직책이나 역할

나는 우리 집에서 막내다.

나는 _____

나는 _____

2. 성격

나는 지고는 못 사는 성격이다.

나는 _____

나는 _____

3. 장점

나는 시간을 꼭 지킨다.

나는 _____

나는 _____

4. 단점

나는 결정을 잘 못 내린다.

나는 _____

나는 _____

5. 사람들과의 관계

나는 어머니를 좋아하지만 아버지와는 원수와 같다.

나는 _____

나는 _____

1. 자아

스프린탈과 콜린스(Sprinthall & Collins, 1995)는 우리 모두는 '나는 누구인가, 나는 다른 사람과 어떤 점에서 유사하며 또한 어떤 점에서 차이가 있는가' 등에 대해 생각하며 살아가고, 자아에 대한 이런 감각은 인지적인 면과 정서적인 면을 모두 포함한다고 하였다. 인지적인 면은 자기 자신을 묘사하는 방식과 관련되며, 정서적인 면은 어떤 과제나 활동을 수행할 때 자신의 태도를 훌륭하거나 나쁜 것으로 평가하는 것과 관계된다고 보았다.

2. 자아정체감

자아정체감을 지닌 사람은 개별성, 총체성, 계속성을 경험한다. 여기서 개별성은 가치나 동기 또는 관심을 얼마쯤 타인과 공유했다 하더라도 자신은 타인과 다르다는 인식, 즉 자신은 독특하고 특별하다는 인식이다. 총체성은 자신의 욕구, 태도, 동기, 행동양식 등이 전체적으로 통합되어 있다는 느낌이다. 그리고 계속성은 시간이 경과하여도 자신은 동일한 사람이라는 인식, 즉 '어제와 오늘의 나는 같은 사람이다.'라는 인식이다(정옥분, 1998).

에릭슨(E. H. Erikson)은 인간의 자아정체감이 연령별로 8단계를 거쳐 진행된다고 하였다. 자아정체감 발달단계를 차례대로 살펴보면 다음과 같다.

1) 유아기: 신뢰감 대 불신감

에릭슨은 유아가 타인과 외부세계로부터 신뢰감(trust)을 얻을 수 있는 능력의 정도는 어머니로부터 받는 양육의 질(quality)에 의존한다고 하였다. 곧 신뢰감은 유아가 받는 음식의 양이나 애정표현에 의존하는 것이 아니라, 어머니의 친밀감, 일관성, 지속감, 동일성 등과 같은 양육의 질에 따라 결정된다. 또한 유아는 외부세계뿐만 아니라 자신의 내부세계에 대해서도 신뢰감을 발달시킨다. 즉, 유아는 자신을 신뢰하는 것과 특히 자신의 신체기관이 생물학적 자극에 효과적으로 대처하는 능력이 있음을 신뢰할 수 있다.

불신감(mistrust)이란 직장생활이나 재임신 등의 이유로 어머니의 관심이 유아로부터 멀어질 때 발생할 수 있으며, 또한 부모의 비일관된 양육방식과 양육에 대한 자신감 부족, 가치관 혼란 등도 중요한 원인이 된다. 불신감의 결과는 유아의 경우 급성 우울증으로, 그리고 어른의 경우 편집증으로 나타난다.

2) 아동 전기: 자율성 대 수치심 및 의심

2~3세경에 자율성이 획득되며, 사회적 양식인 소유 혹은 관용에 대한 선택과 관련이 있다.

자율성(autonomy)은 아동이 빠른 성장과 함께 언어를 익히고, 사회적 차별을 인식하고, 더욱 독립적으로 환경을 탐색하는 가운데 발달한다. 특히 그들은 새로이 발견한 신체 운동적 기능을 자랑으로 여기고 모든 것을 스스로 하려고 한다(예: 혼자서 옷을 입고 밥을 먹고 함). 이는 부모에 대한 의존에서 벗어나고자 하는 행동으로서 부모와 마찰을 빚기도 한다.

수치심(shame)과 의심(doubt)은 부모가 아동의 자율성을 억압 또는 통제하여서 좌절로 인해 생겨난 아동의 분노가 감히 부모에게 향하지 못하고 자기 자신에게 향하면서 부끄러움이나 자신에 대한 불신을 갖게 된 것이라 할 수 있다. 부모가 인내하지 못하고 아동 스스로 할 수 없는 것을 강요한다면, 결국 아동에게 수치심을 발달시키게 될 것이다. 뿐만 아니라 부모가 계속 과잉보호하거나 반대로 무관심하다면, 아동은 타인에 대해 뚜렷한 수치심을 갖게 될 뿐만 아니라 외계와 자신을 통제하는 능력에 대해서 의구심을 가질 것이다. 이런 아동은 자신의 환경에 효과적으로 대처할 수 있는 능력을 상실하게 되고 자신감을 잃게 되며 평가받는 것을 불안해하거나 무기력하게 생각한다. 그 결과 자기의심, 부적당감, 무기력의 심리사회적 태도가 형성될 수 있다. 자율성의 사회적 가치는 법과 질서다.

3) 아동 후기: 주도성 대 죄책감

4세부터 취학 전까지의 아동은 자신의 사회적 행동을 인정받기 위해 노력한다. 자신과 자기 세계를 구성하는 것(실제 사물, 인형, 애완동물, 때로는 동생)에 대해 책임의식을 갖기 시작하며, 다른 사람의 일이나 새로운 것을 시도해 보려는 호기심과 함께 자기 주변의 사회에 대해서도 어떤 책임을 지고자 한다. 그리고 언어나 운동기술의 증가된 능력은 자신의 가정환경을 초월하여 여러 가지 사회놀이에 참여하도록 만든다. 이 시기의 아동은 자신을 한 인간으로 간주하고, 생의 목적이 있음을 느끼기 시작하며, '나는 내 뜻대로 할 수 있다.'라는 정체감을 갖게 된다.

에릭슨(1968)에 따르면, 주도성(initiative)은 자율성 단계에 일을 추구하고 계획하고 공격하는 자질을 부가한 것으로, 자율성이 진보한 것이다. 그리고 그는 주도성 이전에는 자기의지(self-will)가 흔히 반항적 행동을 고무하고 독립을 주장했을 뿐이라고 하였다. 이 단계의 성공적 발달을 통해 아동의 행동은 목표 지향성을 갖게 된다. 아동은 위대한 사람이 되기를 꿈꾸기 시작하고 이해하고 존경할 수 있는 성격 및 직업을 가진 사람과 동일시하기 시작한다. 그리고 자신의 역할을 예견하고 이를 성취하기 위해 노력하며 가능한 야망을 갖는다.

죄책감(guilt)은 부모가 아동 스스로 어떤 일을 완수할 수 있는 기회를 제한하는 데서 야기된다. 죄책감은 또한 이성(異性)의 부모를 사랑하려는 자녀의 욕구를 언어적으로나 신체적으로 지나치게 억압하고 심지어 벌을 주는 경우에서 발생할 수 있다. 어떤 경우나 죄책감에 빠져든 아동은 체념과 무가치감을 가지며, 자신을 내세우는 것을 두려워하고, 동료집단의 주변에만 머뭇거리고, 극단적으로 어른에게 의존한다. 또한 이들은 가능한 목표를 수립하고 추구하려는 목적의식이 부족하고 용기가 없다. 에릭슨은 지속적인 죄책감 또는 죄의식이 성인기로 연결될 경우 일반화된 소극성, 성적 무기력, 불감증, 정신 병리적 행동 등으로 발전될 수 있다고 경고하였다.

4) 학동기: 근면성 대 열등감

에릭슨에 따르면, 아동은 학교에서 그들 문화에 대한 기술을 이해하기 시작하면서 근면성을 발달시킨다. 이 시기의 아동들은 사물이 만들어지고 조작되는 방법에 몰두하는데, 이것을 근면성(industry)이라고 한다. 아동들은 학교나 주위환경을 통해 흥미를 느끼게 되고 외부 사회의 기술적 요소들이 강화되고 촉진된다. 이제 아동들은 '열심히 공부해서 훌륭한 사람이 되자.' 라는 생각을 함으로써 근면성을 형성한다. 그러나 근면성은 단순한 교육적 성취나 직업적 열망 이상을 포함한다. 인간관계적 능력감, 즉 자기가 개인적으로나 사회적으로 의미 있는 목표를 추구하는 가운데 사회 환경에 적극적인 영향을 발휘할 수 있는 자신감까지를 포함한다. 따라서 근면성의 심리사회적 힘은 사회, 경제, 정치적, 질서에 참여하는 기초가 된다.

그러나 아동들은 자신의 기술이나 지위가 친구들에 비추어 부족하다고 생각하면 앞으로의 학습에서 용기를 잃게 되며, 이는 곧 그들에게 열등감을 갖도록 만든다. 이 시기의 아동들은 타인의 눈을 의식하면서 객관적 자아가 크게 발달하기 시작하고, 이를 통해 자신을 타인과 비교하며 사소한 부분에서조차 열등감(inferiority)을 경험한다. 자신의 성, 종교, 인종, 사회·경제적 지위 등이 자신의 인간적 가치를 결정짓는다고 생각하며, 그 결과 아동은 자신의 능력에 자신감을 잃게 되는 것이다.

5) 청소년기: 자아정체감 대 역할혼미

청소년 시기는 나는 누구인가, 나의 존재는 무엇인가 라는 물음과 함께 자신의 존재 의미와 능력에 대해 생각하는 시기다. 이 질문에 대한 답을 얻지 못하면 역할혼미(role diffusion)가 일어난다. 자신의 역할을 정확히 인식하고 목적의식이 뚜렷하면 자신의 자아정체감(ego identity)을 확립하여 이 위기를 대처할 수 있다.

이 시기의 청소년들은 영웅이나 위인들과의 동일시를 통하여 정체감 혼돈을 방어하며, 가까운 친구들도 서로 모델링이 됨으로써 정체감 혼돈의 위기를 극복하도록 돕는다. 정체감 혼돈에 대한 위기를 성공적으로 극복하지 못한 청소년들은 생의 후기에 부정적이며 타인을 잔인하게 취급하고 영웅에 대한 무조건적 동일시나 충성을 다하는 미성숙한 면을 가지게 된다.

6) 성인 전기: 친밀성 대 고립감

35~40세에 이르는 기간을 성인 전기라고 말할 수 있다. 이 시기는 성인의 구혼, 결혼, 초기 부부생활이 영위되는 때다. 정력적으로 일하고 개인적 '정착'을 갈망한다. 이러한 정착은 성적 친밀성과 더불어 사회적 친밀성을 의미한다. 에릭슨은 이러한 친밀감(intimacy)을 성공적인 결혼의 필수조건으로 보고 있다. 그리고 진정한 친밀감을 획득하려면 자신이 누구이며 무엇인가에 대한 확고한 느낌이 발달되어 있어야 한다는 것이다.

고립감(isolation)은 타인과의 공유된 정체감, 즉 친밀감을 획득하는 과정에서 제기되는 위기를 스스로의 관여로 극복하지 못하였을 때 자기도취나 소외감, 회피 등의 형태로 나타난다. 고립감에 빠진 사람은 친밀한 인간관계를 맺을 수 없으므로 이성과의 관계에서도 피상적이고 외형적인 관계만을 지속할 뿐이며, 사회적 공허감이나 소외감을 크게 갖는다. 이들은 또한 직업을 쓸모없는 것으로 여길 뿐만 아니라 직업에서 소외감을 갖기 쉽다. 극단적인 경우는 반사회적 행동이나 정신병리적 성격 유형(도덕심이 결여된 사람)을 갖게 되는데, 이들은 남을 조정하고 착취하고도 후회하지 않으며, 비인간적이고 잔인한 행동을 일삼는다.

7) 성인 후기: 생산성 대 침체감

성인 후기는 35세 전후부터 60~65세에 이르는 기간이며, 이 시기의 성인들은 다음 세계의 복지와 사회의 건강에 관심을 나타냄으로써 자신의 문화를 유지, 보존, 발전시키는 일에서 보람을 느낀다.

생산성(generativity)이란 다음 세대를 키우고 지도함으로써 자기 세대를 대치하도록 하는 구세대의 배려라고 할 수 있다. 이것의 가장 훌륭한 예는 자녀의 생산과 양육, 그리고 자녀의 성취를 통한 개인의 만족감이다. 부모로서뿐만 아니라 일반 성인으로서 젊은이의 개선과 발전을 위해 헌신하는 것 또한 생산성에 포함될 수 있다. 그리고 생산성은 창조적인 과업으로 한 세대에서 다음 세대로 전해지는 모든 것, 예컨데 기술적 생산품, 아이디어, 저술, 예술작품 등으로 나타나기도 한다. 인류복지에 대한 궁극적인 배려가 곧 생산성인 것이다.

침체감(stagnation)은 이 단계에서의 위기를 슬기롭게 극복하지 못함으로써 발생하는 것으로, 개인적 욕구나 안위에만 관심을 가지고 자기도취의 상태에 빠지는 것을 말한다. 이들은 자기탐닉을 제외하고는 누구에게도, 무엇에 대해서도 관여하지 않는다. 또한 사회의 일원으로서 생산적인 기능을 수행하지 못하고, 자신의 욕구만을 추구하기 위해 살아가며, 인간관계에서 고립감과 단절감을 겪는 등의 특징을 나타낸다. 이것은 우울을 비롯한 삶의 무의미감을 확대시킨다.

8) 노년기: 자아통합 대 절망감

자아통합(integrity)은 노년기 시기에 결혼, 자녀, 손자, 직업, 취미 등을 비롯한 자신의 모든 인생을 돌이켜 보고, 겸허하게 그러나 확고하게 '나는 만족스럽다.'라고 확신하는 것을 말한다. 통정성을 획득한 사람들은 자신의 존재가 후손이나 창조적 업적을 통하여 계속된다는 것을 알고 있기 때문에 죽음을 더 이상 두려운 것으로 생각하지 않는다. 에릭슨은 어떤 개인이 만일 천부적인 지혜를 타고 났다면 실질적으로 '노인의 지혜가 바로 그것일 것이다.'라고 생각하였다. 노인의 지혜는 한 생애에서 얻은 모든 지식의 상대성에 대한 인식을 말한다. 이는 절대성을 부정하는 것으로 융통성과 사상 및 이데올로기의 포용성을 뜻한다. 이러한 노인들은 죽음에 직면하여 초연하고, 이념의 벽을 넘어서 모두를 포용하고, 자신의 자손만이 아닌 모든 이웃에게 풍족하고 공평한 사랑을 베풀 수 있다.

절망감(despair)이란 죽음의 벼랑 끝에 서 있는 사람의 심정과 같이, 물러설 수도 없고 이제 다시 시작할 수도 없는 절박한 심정을 의미한다. 자아 통합의 결여나 상실은 죽음에 대한 감추어진 두려움, 되돌릴 수 없는 실패감, 희망했었던 것에 대한 끊임없는 미련 등으로 나타난다. 에릭슨은 절망감에 휩싸인 노인들에게서 두 가지 뚜렷한 감정이 있음을 확인하였다. 첫째는 인생이란 다시 살 수 없다는 후회이고, 둘째는 자신의 부족함과 결함을 외부세계로 투사함으로써 부인하는 것이다. 이러한 절망감이 극단에 이르면 노인성 정신병, 우울증, 히포콘드리아증에 걸리게 되며 매우 심술궂기도 하고 과대망상의 증상을 나타내기도 한다(한상철, 1998).

3. 정체감의 상태

마샤(Marcia, 1966)는 정체감 형성과 정체감 혼란으로 정체감 상태를 기술한 에릭슨과는 달리, 두 개의 양극단 사이에 유실과 유예의 정체감 상태를 포함시켰다. 즉, 마샤는 에릭슨의 정체감 개념을 보다 구체화하기 위하여, '위기(crisis)'와 '참여(commitment)'라는 두 개 차원에 근거하여 네 가지 유형의 정체감 상태를 설명하는 정체감 단계모형(Identity Status Model)을 제시하였다. 여기서 '위기'란 개인이 자신의 현재 상태와 역할에 대해 의문을 제기하고 이를 해결하기 위한 대안을 탐색하는 과정을 의미하며, '참여'란 자신에게 주어진 역할과 과업에 관심을 갖는 과정을 의미한다. 즉, '위기'와 '참여'의 유무에 따라 위기도 없고 참여도 없는 '정체감 혼미(identity diffusion)', 위기는 없으나 참여는 있는 '정체감 유실(identity foreclosure)', 위기는 있으나 참여는 없는 '정체감 유예(identity moratorium)', 위기도 있고 참여도 있는 '정체감 성취(identity achievement)'의 네 가지로 구분하고 있다.

이를 간략하게 제시하면 〈표 4-1〉과 같으며, 진로발달과업과 관련시켜 설명하면 다음과 같다.

〈 표 4-1 〉 정체감의 네 가지 상태

		참여	
		예	아니요
위기 경험	예	정체감 성취	정체감 유예
	아니요	정체감 유실	정체감 혼미

1) 정체감 혼미

'위기'도 없고 '참여'도 없는 정체감 혼미란, 자기 의심에 빠져 있으나 개인적 해답을 얻기 위한 필요성을 느끼지 않으며 상황을 변화시키기 위한 어떠한 노력도 시도하지 않는 것을 말한다. 따라서 청소년기의 주요 발달과업이라 할 수 있는 진로목표를 설정하는 데서도 무관심하거나 선택상황에서 결정하지 못하고 힘들어할 수 있다.

2) 정체감 유실

'위기'는 없으나 '참여'는 있는 정체감 유실이란 초기 아동기에 동일시했던 역할과 가치만을 채택하려는 경향이 있어, 자신의 역할을 확립하기 위해 노력하기보다는 부모와 같은 중요한 타인들의 가치와 기대를 무조건적으로 수용하고 채택하려 하는 것이다. 따라서 자신의 진로를 스스로 선택할 수 있음에도 불구하고 부모나 중요한 타인들의 의견을 무조건적으로 수용하는 형태의 수동적인 진로목표를 설정하려 한다. 따라서 진로탐색은 어렵지만 의존적인 경향성을 보이는 진로결정은 할 수 있다.

3) 정체감 유예

'위기'는 있으나 '참여'는 없는 정체감 유예란 현재 정체감 위기의 상태에 있으나 이것들을 해결하기 위해 어떤 노력을 하고 있는 중임을 의미한다. 그러나 참여의 부재로 행동적 수행이 어려운 상태이며, 따라서 진로탐색에는 적극적이지만 지나치게 다양한 역할 실험을 통해 의사결정 과정 그 자체에서 혼란을 경험하며 결과적으로 진로결정을 지연하는 경향이 있다고 볼 수 있다.

4) 정체감 성취

'위기'도 있고 '참여'도 있는 정체감 성취란 위기를 성공적으로 극복하고 신념, 직업, 정치적 견해 등에 대해 스스로 의사결정을 할 수 있는 상태다. 따라서 능동적이며 합리적인 방식으로 진로를 탐색하고 결정할 수 있다.

활동1
자아정체감 확인 설문지

🔽 다음 문항들은 우리가 성인으로 성장해 가는 과정에서 발생하는 여러 물음들입니다. 평소의 자신에 대해서 생각해 보고, 평소의 자기 모습에 응답해 봅시다. 각 문항의 내용을 읽은 후, '전혀 그렇지 않다'고 생각되면 1, '그렇지 않다'고 생각되면 2, '그렇다'고 생각되면 3, '매우 그렇다'고 생각되면 4에 √ 표를 합니다. 그리고 정체감 상태별(혼미, 유실, 유예, 성취)로 점수를 계산하여 자신의 정체감 상태를 확인합니다.

1	종교문제에서 내 마음이 끌리는 것은 아직 없었고 찾아볼 필요성도 느끼지 못한다.	① ② ③ ④
2	특별히 내 마음이 끌리는 '생활방식'은 없다.	① ② ③ ④
3	나는 '이성교제'에 대해 생각해 본 적이 없다. 내가 이성교제를 하든지 말든지 그렇게 신경 쓰지는 않는다.	① ② ③ ④
4	나는 종교에 관해 많은 생각을 하지도 않고, 또 종교로 어느 쪽을 택하든 별 문제가 안 된다.	① ② ③ ④
5	나는 사실 정치에 관해 깊이 생각해 본 적이 없다. 정치는 나에게 별로 흥미를 주지 않는다.	① ② ③ ④
6	나는 이성교제에 대해서 골똘히 생각하지 않는다. 나는 그저, 그냥 닥치는 대로 부딪힐 뿐이다.	① ② ③ ④
7	나는 나에게 꼭 맞는 직업을 찾는 데 별로 관심이 없다. 어떤 직장이라도 괜찮다. 나는 되는대로 살아가는 편이다.	① ② ③ ④
8	나는 정말 절친한 친구라곤 없으며 지금 현재 그런 친구를 찾고 있지도 않다.	① ② ③ ④
9	내가 생각하기에 나는 대체로 인생을 즐기고 있는 것 같은데, 어떤 특별한 인생관이 있는 것 같지는 않다.	① ② ③ ④
10	나에게는 친한 친구가 거의 없다. 나는 이리저리 무리 지어 몰려다니는 것만 좋아한다.	① ② ③ ④

11	나는 어느 한쪽으로 확고한 입장을 가질 만큼 정치에 개입해 본 적이 전혀 없었다.	① ② ③ ④
12	남성과 여성의 성역할에 대한 선택의 여지가 너무 다양해서 그것에 관해 많이 생각해 보지 않았다.	① ② ③ ④

〈정체감 혼미〉 합 (   )점

1	나는 여러 가지 다양한 직업에 대해서 생각해 볼 수도 있었지만, 부모님이 내게 원하는 직업을 말씀하셨기 때문에 별 의문의 여지도 없었다.	① ② ③ ④
2	친구를 선택하는 데 어떤 친구가 내게 이로운지를 부모님이 알고 계신다.	① ② ③ ④
3	나는 정치에 대해서 가족과 거의 비슷한 입장이다.	① ② ③ ④
4	남자와 여자의 역할들에 관한 나의 생각들은 부모님과 가족으로부터 물려받았다. 나는 이 문제에 대해 그 밖에 더 살펴볼 필요를 느낀 적이 없다.	① ② ③ ④
5	바람직한 생활방식에 대한 나의 견해는 부모님이 가르쳐 주신 것이고 가르쳐 주신 견해에 대해 의문을 품을 필요성을 느끼지 않았다.	① ② ③ ④
6	나는 단지 부모님이 좋아하실 만한 친구들만 사귄다.	① ② ③ ④
7	나는 부모님이 하시는 것과 같은 여가 활동을 좋아했고, 그 밖의 다른 여가 활동에 대해서는 지금까지 별로 생각해 본 일이 없다.	① ② ③ ④
8	나는 부모님이 교제했으면 하고 바라는 상대하고만 교제한다.	① ② ③ ④
9	부모님은 오래전에 내가 어떤 직종에서 일을 해야 하는가를 결정하셨고 나는 부모님의 계획을 따라가고 있는 중이다.	① ② ③ ④
10	부모님의 인생관은 내게도 만족스러우며, 다른 것은 필요하지 않다.	① ② ③ ④
11	나는 가족이 항상 다니는 그 교회에 다닌다. 나는 왜 내가 그 교회에 다니는지에 대한 의문을 가져 본 적이 전혀 없다.	① ② ③ ④
12	나는 나의 종교에 대해 의문을 가져 본 적이 전혀 없다. 부모님께 적합한 종교였다면 나에게도 좋은 것이라 생각하며 믿는다.	① ② ③ ④

13	여가 활동에 대한 취향은 모두 부모님에게 물려받았고, 그 밖의 다른 여가 활동은 거의 해 보려고 하지 않았다.	① ② ③ ④
14	나는 나의 부모님이 좋아하실 듯한 이성 친구들하고만 교제한다.	① ② ③ ④
15	우리 가족은 학생 시위와 혼전 순결 등과 같은 논제에 대해 자신들의 정치적, 도덕적 신념들을 항상 가지고 있었고, 나는 항상 그들의 견해를 따르며 살아왔다.	① ② ③ ④

〈정체감 유실〉 합 (   )점

1	나는 내가 정말로 원하는 직업을 선택하지 못했다. 그래서 보다 나은 일이 생길 때까지 현재 가능한 일을 해 나가고 있는 중이다.	① ② ③ ④
2	세상에는 많고 많은 종류의 사람들이 있다. 나는 나에게 잘 어울리는 종류의 친구들을 찾기 위해 아직도 여러모로 노력하고 있다.	① ② ③ ④
3	나는 남들이 하자고 하면 여가 활동에 참가하지만 내 스스로 해 보는 일은 거의 없다.	① ② ③ ④
4	정치는 너무 빨리 변하는 것이어서 도무지 확신을 가질 수 없다. 그러나 내가 정치적으로 무엇을 주장하고 어떤 신념을 갖고 있는가를 아는 것은 중요하다고 생각한다.	① ② ③ ④
5	나는 내가 한 사람으로서 얼마나 능력이 있고 어떤 직업이 나에게 적합한가를 알려고 아직도 애쓰고 있는 중이다.	① ② ③ ④
6	결혼생활에서 책임을 분담하는 방식에는 여러 가지가 있다. 나는 어떤 방식으로 책임을 분담하는 것이 나에게 적합한가를 결정하려고 애쓰고 있는 중이다.	① ② ③ ④
7	나는 내 생활방식을 정하는 데 적당한 견해를 찾고 있는 중이다. 그러나 아직 나는 찾지 못했다.	① ② ③ ④
8	종교가 내게 어떤 의미가 있는지 확실하지 않다. 나도 나의 마음을 정하고 싶지만 아직 탐색하고 있는 중이다.	① ② ③ ④
9	나는 가끔 여가 활동에 참여하고는 있지만 규칙적으로 참여하는 특정 여가 활동을 정할 생각은 없다.	① ② ③ ④
10	나는 아직 어떤 유형이 내게 가장 좋은지 결정하지 못한 상태에서 여러 가지 유형의 이성관계를 맺어 보고 있는 중이다.	① ② ③ ④

11	주위에는 여러 가지 정당과 정치적 사상들이 있다. 나는 그 모두를 파악할 때까지 어느 쪽을 따를지 마음을 결정할 수가 없다.	① ② ③ ④
12	종교는 지금 현재 나에게 혼란스러운 문제다. 나는 무엇이 내게 맞고 맞지 않았는지에 대한 견해를 계속 바꾸고 있는 중이다.	① ② ③ ④
13	나는 요즈음 남편과 아내가 해야 할 역할에 대해 많이 생각하고 있으며 최종적 결정을 내리려고 애쓰는 중이다.	① ② ③ ④
14	이성교제에 관한 나의 견해는 아직 형성되어 가고 있는 중이다. 나는 아직 완전하게 결정짓지는 못했다.	① ② ③ ④
15	나는 내 정치적 신념에 대해 확실히 말할 수는 없으나, 내가 진정으로 믿을 수 있는 것이 무엇인가를 알아내려고 노력하고 있는 중이다.	① ② ③ ④
16	나는 언젠가 진정으로 즐길 수 있는 여가 활동을 찾을 수 있기를 바라는 희망에서 여러 가지 여가 활동에 참여하고 있는 중이다.	① ② ③ ④
17	나는 어떤 직업을 가져야 할지 아직 결정할 수가 없다. 선택의 가능성이 너무 많다.	① ② ③ ④
18	어떤 종류의 친구가 내게 가장 좋은지를 모르겠다. 나는 친구관계가 나에게 어떤 의미가 있는지를 정확히 알아내려고 애쓰는 중이다.	① ② ③ ④

〈정체감 유예〉 합(　　　)점

1	친구를 사귀는 이유는 여러 가지가 있다. 그러나 나는 가까운 친구들을 선택하는 데는 내 자신이 정한 가치에 따른다.	① ② ③ ④
2	내가 진정으로 관여하는 여가 활동이 아직 없지만 내가 정말로 즐길 수 있는 것을 찾기 위해 여러 가지 여가 활동들을 시도하고 있는 중이다.	① ② ③ ④
3	과거 경험에 비추어 내가 지금 바라는 이성교제의 타입을 선택했다.	① ② ③ ④
4	사람들의 종교에 대한 믿음은 개인마다 독특하다. 나는 스스로 믿음에 대해서 숙고하고 또 숙고해 왔기 때문에 내가 믿을 수 있는 것이 무엇인지 알고 있다.	① ② ③ ④
5	상당한 숙고 끝에 나에게 맞는 이상적인 '생활방식'에 대해 내 개인적인 견해를 확립하게 되었고, 누구도 이 견해를 변경시킬 수 없다고 나는 확신한다.	① ② ③ ④

6	나는 정기적으로 하고 있는 여가 활동이 몇 가지 있고, 거기에 만족하고 있다.	① ② ③ ④
7	내가 결정을 내리기까지는 시간이 꽤 걸렸지만 이제는 내가 진정으로 어떤 직업을 원하는지 안다.	① ② ③ ④
8	나는 결혼생활에서의 남성과 여성의 역할에 대해 꽤 오랜 시간 동안 생각해 왔다. 그래서 이제는 내게 가장 알맞은 성역할이 어떤 것인지를 결정했다.	① ② ③ ④
9	나는 바람직한 인생관을 찾으려고 다른 사람들과 토론도 많이 하고 스스로 자기성찰도 하고 있다.	① ② ③ ④
10	나는 나의 정치적 신념을 충분히 숙고해 왔고, 내가 부모의 신념 중에서 어떤 면에서는 동의할 수도 있지만, 다른 면에서는 반대할 수도 있다는 것을 알게 되었다.	① ② ③ ④
11	나는 신앙에 관해 심각하게 고민하던 시기를 겪었고, 이제는 내가 개인적으로 무엇을 믿고 있는가를 알고 있다고 말할 수 있다.	① ② ③ ④
12	나는 다양한 친구관계를 경험해 왔고, 이제는 내가 친구관계에서 무엇을 추구하는지를 분명하게 알고 있다.	① ② ③ ④
13	여러 가지 다양한 여가 활동을 시도해 본 끝에, 이제 나 혼자서 또는 친구들과 함께 재미있게 즐길 수 있는 여가 활동을 몇 개 찾아냈다.	① ② ③ ④
14	내가 결정을 내리는 데는 오랜 시간이 걸렸지만, 이제 내 장래 직업에서 어떤 방향으로 나가야 할지 확실히 알고 있다.	① ② ③ ④
15	결혼한 부부가 가족 구성원으로서의 책임을 분담하는 데는 여러 가지 방법이 있다. 나는 여러 가지 방법을 생각해 보았고, 이제는 책임 분담에 대해 정확하게 알고 있다.	① ② ③ ④
16	나는 여러 가지 유형의 이성친구들과 데이트를 해 왔고, 이성교제에 대한 '기본 원칙'이 무엇인지, 어떤 사람과 데이트를 할 것인지가 분명히 서 있다.	① ② ③ ④
17	스스로 여러 번 검토하고 생각한 끝에, 나는 앞으로 어떻게 살아 나갈 것인가 하는 삶의 방식에 대한 매우 명확한 견해를 확립하게 되었다.	① ② ③ ④

〈정체감 성취〉 합 (   )점

◢ 채 점

구분	정체감 혼미	정체감 유실	정체감 유예	정체감 성취
합계 점수				
문항 수	12	15	18	17
평 균 (합계 ÷ 문항 수)				

출처: 손해곤(1992).

◢ 나의 정체감 상태 점수 중 평균이 가장 높은 것은 무엇이고, 그것에 대해 어떤 점에서 동의하는지, 또는 다른 생각을 가지고 있는지 생각해 보고 메모해 보세요.

_____

_____

_____

_____

_____

_____

◢ 자신의 정체감 상태를 개선시키기 위해 개선할 점이나 보완할 점을 써 보세요.

_____

_____

_____

_____

_____

_____

활동2
나의 장점과 단점

↘ 나의 성격적인 면과 활동적인 면의 장점을 기록해 봅시다.

_____

_____

_____

_____

_____

↘ 나의 성격적인 면과 활동적인 면의 단점을 기록해 봅시다.

_____

_____

_____

_____

_____

↘ 나를 지지해 주는 말: 어릴 적 주변 사람들로부터 들은 나에 대한 긍정적인 이야기 중에서 지금까지 가장 기억에 남는 것은 무엇인지 기록해 봅시다.

예) '너는 참 성실하구나.' '너는 참 달리기를 잘하는구나.' 등

_____

_____

_____

_____

_____

제**5**장

성격과 적성

생 / 각 / 해 / 봅 / 시 / 다

🔽 지금까지 사람들이 나에게 지어 주었던 별명들을 생각나는 대로 적고 다음의 기준에 따라 정리해 봅시다(별명이 없었다면 1번의 괄호안에 '없음' 이라고 쓰고 다음의 질문에 대해 답해 보세요.).

별명 1. (   )
– 별명이 생기게 된 이유(없다면 없는 이유)

_____

– 별명의 느낌(기분 좋음/나쁨, 기타 유발되는 감정 등, 없다면 없다는 것에 대한
느낌) _____

– 이 별명이 나에 대해 말해 주는 점(성격, 대인관계 등, 별명이 없다는 것이 말
해 주는 것) _____

별명 2. (   )
– 별명이 생기게 된 이유 _____
– 별명의 느낌(기분 좋음/나쁨, 기타 유발되는 감정 등)

_____

– 이 별명이 나에 대해 말해 주는 점(성격, 대인관계 등)

_____

별명 3. (   )
– 별명이 생기게 된 이유 _____
– 별명의 느낌(기분 좋음/나쁨, 기타 유발되는 감정 등)

_____

– 이 별명이 나에 대해 말해 주는 점(성격, 대인관계 등)

_____

1. 성격과 적성

사람은 다 다르다. 얼굴과 외양이 다를 뿐 아니라 생각하는 방식이나 감정을 느끼는 양상도 각기 다르다. 그러기에 사람들은 새로운 사람을 만나면 어떻게 생겼는지와 함께 성격이 어떤지를 궁금해하고, 직장에서나 결혼생활에서나 성격차이라는 것이 중요한 문제로 언급되곤 한다. 그렇다면 심리학에서는 성격을 어떻게 정의할까? 올포트(G. W. Allport)의 정의는 다음과 같다. "환경에 대한 개인의 독특한 적응을 결정하는 개인 내의 정신적 · 신체적 체계들의 역동적 조직"이다. 약간 풀어서 설명하면, 다른 사람과 구분해 주는 독특한 모습이 환경에 적응하면서 나타나는 것을 말한다. 또한 정신적인 부분뿐 아니라 신체적인 체계와도 관련이 있으며, 이것들이 조직화가 되어서 반복적으로 나타날 수 있는 것이다. 우리나라 속담 중 '안에서 새는 바가지 밖에서도 샌다.'라는 말이 성격의 반복성을 이야기해 주는 것이라고 하겠다. 비교적 최근의 정의로 리버트(Libert)와 리버트(Libert)는 성격을 "개인의 사회적 · 물리적 환경에 대한 행동과 반응들에 영향을 주는 한 개인의 특징들의 독특하고 역동적인 조직"이라고 하였는데, 이는 올포트의 정의와 유사하다.

적성이라는 말은 일반적이고 포괄적인 능력보다는 구체적 특수능력을 지칭하는 것으로, 어떤 직업이나 구체적인 과업 또는 일에 대한 성공가능성을 예언하는 심리적 특성이 될 수 있다. 즉, 적성이 있는 일에 대해서는 보다 쉽게 배우고 활용하여 다른 사람보다 잘할 수 있으며 스스로도 재미를 느낄 수 있다. 따라서 학과나 직업을 정할 때 적성을 미리 파악하여 그에 맞는 전공 및 직업을 정하는 것이 자신의 성공가능성과 행복의 가능성을 높이는 것이라 하겠다. 이번 장에서는 대표적인 성격검사인 MBTI와 대표적인 적성검사인 홀랜드 검사에 대해 알아보도록 하겠다.

2. MBTI 검사

MBTI(Myers-Briggs Type Indicator)는 마이어스(I. B. Myers)와 브릭스(K. C. Briggs)라는 심리학자가 융(C. G. Jung)의 성격이론에 자신들의 연구결과를 추가하여 성격을 분류하도록 만든 검사다. 본래 융은 사람의 성격이 내향-외향, 감각-직관, 사고-감정의 축에 따라 여덟 가지로 나뉠 수 있다고 주장하였는데, 마이어스와 브릭스는 판단-인식의 한 차원을 더 추가하여 열여섯 가지의 성격패턴으로 구성하였다. 구체적으로 설명하면, 사람들은 첫 번째로 내향적인 사람과 외향적인 사람으로 나누어지는데, 내향적인 사람은 에너지가 내면의 생각 쪽으로 향하여 내적인 활동을 통해 에너지를 얻고 내적인 활동에 에너지를 사용하는 특징이 있는 반면, 외향적인 사람은 에너지가 외부의 사람과 사건 쪽으로 향하여 외적인 활동을 할 때 에너지를 얻고, 그 에너지를 다양한 업무와 사람들과의 접촉을 통해 사용한다는 것이다. 두 번째로는 외부세계에 대한 지각 및 정보 수집의 차원에 따라 감각과 직관의 유형으로 나누어질 수 있는데, 감각형은 사실적이고 세부적인 것을 잘 보고 현실감각이 있으며, 직관형은 전체를 보며 통찰력과 상상력을 발휘하는 편이다. 세 번째로는 판단의 근거를 어디에 두느냐에 따라 사고형과 감정형으로 나뉠 수 있다. 사고형은 논리적 사고를 통하여 경험을 이해하려고 하는 반면, 감정형은 인간관계의 맥락에서 경험을 이해하고자 한다. 마지막으로 네 번째로는 생활양식에 따라 판단형과 인식형으로 나뉘는데, 판단형은 일의 마무리, 예측성, 구조화를 중요시하는 반면, 인식형은 기대치 않은 상황에 대한 융통성과 자발성에 가치를 부여하는 편이다. 네 가지 축에 대한 설명이 다음에 보다 자세하게 제시되어 있다.

〈외향 vs. 내향〉
외향(E)
• 에너지가 대부분 '외부의' 사람과 사건 쪽으로 향한다.

- 다양한 활동을 선호하며 장시간의 집중을 어려워할 수 있다.
- 활동을 통한 문제해결을 지향하는 그룹을 선호한다.
- 사무실 외에서의 다양한 업무와 사람들과의 직접적인 접촉이 빈번한 업종을 선호한다.
- 사업, 판매, 마케팅, 공공기관 업무, 홍보, 판촉 등 사람들과의 상호작용과 활동이 필요한 직업을 선호한다.

내향(I)

- 에너지가 자신의 내면의 생각 쪽으로 향한다.
- 장시간 집중할 수 있으며, 깊이를 요하는 한 가지 일에 초점을 맞추는 것을 선호한다. 다양한 활동을 동시에 하는 것을 선호하지 않는다.
- 개념의 틀을 구축하는 문제해결 과정을 선호한다.
- 지속성과 집중력을 요하고 사람들과 일대일로 접촉해야 하는 직종을 선호한다.
- 교직, 교수, 과학, 연구, 도서, 컴퓨터, 엔지니어링, 전기 등 아이디어가 요구되는 직업을 선호한다.

〈감각 vs. 직관〉

감각(S)

- 사실적이고 세부적인 것을 잘 보고 현실감각이 있으며 실제적이다.
- 미래보다는 현재에 초점을 더 맞춘다.
- 일상적인 정확성을 논하는 일에 인내심과 조심성이 있으며 숙련된 기술을 선호한다.
- 실제 적용이 가능한 교육을 선호한다. 직접적인 훈련을 선호한다.
- 생산, 관리, 비즈니스, 건축, 사무, 회계, 간호, 경찰, 군인 등 현실문제를 다루는 직접적인 활동이 필요한 직업을 선호한다.

직관(N)

- 전체를 보며 통찰력과 상상력을 발휘한다.

- 현재보다는 미래에 더 초점을 맞춘다.
- 손끝에 잡히지 않는 가능성을 추구해 들어가는 프로젝트를 해내는 데 인내할 수 있고 새로운 방식의 일처리를 선호한다.
- 의사소통, 상담, 교직, 법률, 연구, 종교, 예술, 과학 등 장기간의 계획과 발달이 필요한 직업을 선호한다.

〈사고 vs. 감정〉

사고(T)

- 논리적 사고를 통하여 경험을 이해하고자 한다.
- 결과가 미치는 영향보다는 객관성과 공평성을 우선으로 다룬다. 그러므로 강건하고 솔직하게 보일 수 있다.
- 숫자, 아이디어, 혹은 사람을 대상으로 논리적 분석과 객관적 접근이 필요한 교육 영역에 관심을 가진다. 그러나 모든 교육 영역에 활동한다.
- 비일관성이나 상황이 지니고 있는 비합리성을 쉽게 간파하고 논평한다.
- 범죄학, 경찰, 법률, 관리, 컴퓨터, 생산, 기술, 과학, 상업 분야의 직업을 선호한다.

감정(F)

- 인간관계 맥락에서 경험을 이해하고자 한다.
- 결과에 따른 대가를 지불해야 하는 것을 무시하고서라도 조화와 협동을 추구한다. 그러므로 따뜻하고 이해하는 것처럼 보일 수 있다.
- 자연스럽게 타인들이 베푸는 혜택에 감사한다.
- 사람들과 직접 참여하고 아이디어를 다루는 의사소통이 요구되는 교육 영역에 관심을 가진다. 그러나 모든 교육 영역에서 활동한다.
- 목회, 인력봉사, 상담, 비서, 의료, 교직, 통신, 연예 분야의 직업을 선호한다.

〈판단 vs. 인식〉

판단(J)

- 일의 마무리, 예측성, 구조화, 그리고 위계와 질서에 가치를 부여한다.
- 스케줄과 마감일을 중요하게 생각하고 일을 결정짓고 안정시키는 것을 선호한다.
- 반복되는 일상을 견디고 때로는 안정성이 주는 여유를 즐긴다.
- 관리하는 직업을 선호한다.
- 계획성, 체계, 질서, 마감일 등을 중요하게 다루는 영역의 직업을 선호하며 책임이 주어지는 업무를 맡길 좋아한다.

인식(P)

- 마무리 짓기 위하여 조급한 것을 싫어하며, 기대치 않은 상황이 안고 있는 도전과 자발성에 가치를 부여한다.
- 마감일을 지키지 못하는 경우도 있을 수 있으며, 작업이 개방된 채로 있으면서 일어날 수 있는 또 다른 작업 전개의 가능성을 선호한다.
- 반복 일상성을 참기 어려워하고 재미없어 한다.
- 문제해결이 필요한 영역의 일을 선호한다.
- 변화, 유연성, 창의성이 중요하게 다루어지는 영역의 직업을 선호하며 스스로 독립적으로 일할 수 있는 업무를 좋아한다.

3. MBTI 성격 유형과 직업과의 관계

MBTI 성격 유형은 대개 영문 약자를 통해 표기한다. 앞서 제시된 네 가지 유형에서, 예를 들어 내향(I), 감각(S), 사고(T), 판단(J) 형을 각각 선택했을 경우 ISTJ 유형이 된다. 이렇게 만들어지는 16개의 성격 유형은 각기 독특한 특징을 가지며, 그 특징은 직업과도 관계가 있다. 다음의 표에 각 유형의 특징과 그에 맞는 대표적 직업들이 제시되어 있다.

ISTJ	장단점
선택률이 높은 직업 1) 도시개발기술자 2) 철강노동자 3) 경찰 관리자 4) 공익사업 관리자 5) 관리자: 시, 도, 정부 6) 중소기업 관리자 7) 교정직 종사자 8) 회계사 9) 소매상 관리자 10) 학교 버스 기사	장점 • 매사에 정확하다. • 정해진 일상 업무를 잘 해내고 절차를 잘 따른다. • 집중력이 뛰어나고 사람들과 사귈 필요 없이 혼자 할 수 있는 일을 잘한다. • 조직 관리에 뛰어난 능력을 발휘한다. • 안정적이고 믿음직스럽다. 일의 시작에서 마무리까지 믿고 맡길 수 있다. 단점 • 변화하는 시스템에 적응하기 어려워한다. • 실제적 용도를 인식해야 새로운 사고를 받아들일 수 있다. • 변하지 않는 경향이 있고 융통성이 없다. • 자신과 다른 요구를 이해하지 못한다. • 자신의 공헌을 과소평가한다.

ISFJ	장단점
선택률이 높은 직업 1) 종교인 2) 간호조무사(AN) 3) 사무관리자 4) 교사: 초·중·고 5) 정골요법 의사 6) 학교 버스 기사 7) 교사: 유치원 8) 행정가: 사회봉사 9) 교사: 언어 병리, 치료 10) 보조교사 11) 보조간호사 12) 사서	장점 • 직업윤리가 강하다. • 순차적이고 반복적인 절차를 따라야 하는 일상적인 업무를 잘 해낸다. • 정확하고 철저하며 꼼꼼하다. • 사람들에게 봉사하는 것을 즐긴다. 동료나 부하에 대해 협조적이다. • 이미 정해져 있는 방식으로 일하는 걸 좋아한다. 직함이나 지위에 대한 존경심이 있다. 단점 • 자신의 가치를 과소평가한다. 자신의 요구를 주장하지 못 한다. • 지나치게 많은 것을 받아들이는 탓에 과로하는 경향이 있다. • 미래의 결과를 보지 못한다. • 지속적인 변화에 적응하지 못한다. • 더 이상 필요 없거나 인정받지 못한다고 느낄 때 용기가 꺾인다.

INFJ	장단점
선택률이 높은 직업	장점
1) 종교교육 지도자	• 문제의 대안과 창의적 해결책을 잘 생각해 낸다.
2) 순수예술가	• 복잡한 개념을 잘 이해할 수 있다.
3) 교육 분야 컨설턴트	• 사람들 간의 화합을 도모한다.
4) 사이코드라마 치료자	• 설득력 있는 지도자이며 자신의 신념에 대해 충실하다.
5) 성직자	• 다른 사람들의 발전을 돕고 싶어 한다.
6) 병리학 의사	단점
7) 교사: 영어	• 융통성이 부족하고 외곬으로 빠지기 쉽다.
8) 건축가	• 실용성이 없는 아이디어를 생산한다.
	• 기업 문화에서는 지나치게 독립적이고 완벽주의자다.
	• 다른 사람들이 이해하기에는 지나치게 복잡한 방식으로 이야기한다.

INTJ	장단점
선택률이 높은 직업	장점
1) 건축가	• 시스템을 만드는 일에 통찰력과 능력이 있다.
2) 법조인	• 창조적이고 지적인 자극을 즐긴다.
3) 컴퓨터 전문가	• 이론적이고 기술적인 분석과 논리적 문제해결에 뛰어나다.
4) 관리자: 행정부	
5) 경영 컨설턴트	• 혼자서 일을 잘 해내고 반대가 있는 경우도 단호하다.
6) 인력자원 관리자	• 복잡하고 어려운 주제를 이해할 수 있다.
7) 과학자: 화학, 생명공학, 물리학	단점
	• 창조적인 문제해결 과정이 끝나면 프로젝트에 대한 흥미가 줄어든다.
8) 연구 종사자	• 자신을 몰아붙이는 만큼 다른 사람들도 몰아붙이는 경향이 있다.
9) 사회봉사 종사자	
10) 엔지니어: 전기, 전자	• 자신에 비해 능력이 떨어진다고 생각되는 사람과 일할 경우 문제가 생길 수 있다.
	• 독립적인 성격 때문에 기업 문화에 적응하는 것이 어려울 수 있다.
	• 융통성이 없고 외곬 기질이 있다.

ISTP	장단점
선택률이 높은 직업	장점
1) 농부	• 현실적이고 구체적인 생산물과 관련된 일을 잘한다.
2) 직업군인: 장교, 부	• 복잡한 자료와 인지되지 않은 사실들에 질서를 부여할 수
사관	있다.
3) 엔지니어: 전기, 전	• 손으로 하는 일을 좋아하고 도구 사용법을 잘 습득한다.
자, 기계	• 혼자 일하거나 존경하는 사람들과 함께 일하는 것을 즐
4) 광부	긴다.
5) 운송 기사	• 필요한 자원을 잘 찾아내서 사용한다.
6) 치과 위생사	단점
7) 건물, 창고, 부지 관	• 언어로 의사소통하는 데 관심과 능력이 부족하다.
리인 또는 노동자	• 추상적이고 복잡한 이론을 습득하는 데 인내심이 부족한
8) 법률 비서, 서기관	편이다.
9) 청소 서비스업 종사자	• 쉽게 지루해하고 안절부절해 한다.
10) 조사연구원	• 다른 사람의 요구와 감정에 대해 둔감하다.
	• 예측 불가능하고 믿음직하지 못하다.

ISFP	장단점
선택률이 높은 직업	장점
1) 가게 주인, 점원	• 직업이 다른 사람에게 도움을 주는 것일 때는 직접 참여를
2) 조사연구원	선호한다.
3) 사무관리자	• 변화를 좋아하고 새로운 상황에 잘 적응한다.
4) 치과보조사	• 자신의 일이 중요하다고 믿을 때 열심히 일한다.
5) 엔지니어: 기계	• 조직의 충실한 구성원이면서 상급자의 명령을 잘 따른다.
6) 청소 서비스업 종사자	• 좋은 분위기에서 능력을 발휘한다.
7) 형사	단점
8) 목사	• 의미나 동기를 따지지 않고 다른 사람들의 행동을 받아들
9) 간호사(RN)	인다.
10) 방사선과 기사	• 현재 존재하지 않는 가능성을 보지 못한다.
11) 법률 비서, 서기관	• 비판이나 부정적인 말에 상처 받는 경향이 있다.
	• 미리 준비하는 걸 좋아하지 않고 시간을 조직적으로 사용
	하지 못한다.
	• 과도한 규칙과 관료주의에 구속감을 느낀다.

INFP	장단점

선택률이 높은 직업
1) 순수예술가
2) 정신과 의사
3) 상담자: 가출청소년,
   자살이나 위기
4) 건축가
5) 편집자
6) 연구보조원
7) 언론인
8) 심리학자
9) 종교교육자
10) 사회과학자
11) 작가
	장점
	• 자신이 옹호하는 대의를 위해 일하는 것을 좋아한다.
	• 자신이 인정하는 사람들과 긴밀하고 의미 있는 관계를
	  맺고 있을 때 혼자서도 일을 잘한다.
	• 성실하게 의무와 책임을 다한다.
	• 자신의 믿음과 일치하는 일을 할 때는 영감이 샘솟는다.
	• 다른 사람들과 일대일 관계를 통해 이해하고 의사소통할
	  수 있다.
	단점
	• 어떤 프로젝트를 계획할 때 비현실적으로 된다.
	• 자신이 하는 일에 대해 결정권을 갖고 싶어 하고 그렇지
	  못할 경우 일에 흥미를 잃어버린다.
	• 일이 자신의 믿음과 어긋나는 방향으로 갈 때 실망한다.
	• 필요한 경우도 생각을 바꾸는 일이 어렵다.
	• 경쟁이 치열한 환경에서 일하는 것이 어렵다.

INTP	장단점

선택률이 높은 직업
1) 화학자
2) 컴퓨터 관련 전문가
3) 건축가
4) 연구보조원
5) 순수예술가
6) 법률가
7) 요식업자
8) 조사연구원
9) 정부 행정 관리자
10) 사회과학자
11) 전기기사
	장점
	• 통찰력을 갖고 문제를 분석할 수 있다.
	• 새로운 기술과 지식을 습득할 기회가 있는 상황을 좋아
	  한다.
	• 혼자 일할 수 있고, 집중력이 뛰어나다.
	• 자신의 아이디어와 능력에 자신감을 갖고 있다.
	단점
	• 아이디어의 적용에 비현실적일 수 있다.
	• 아이디어가 너무 복잡해서 다른 사람들이 이해하기 어
	  렵다.
	• 흥미를 잃어버릴 수 있고 정리하는 일에 소홀하다.
	• 반복적인 일과 사소한 업무에 대한 참을성이 적다.
	• 다른 사람의 감정에 대해 둔감하고, 다른 사람에게 비판
	  적이다.

ESTP	장단점
선택률이 높은 직업 1) 마케팅 전문가 2) 형사 3) 목수 4) 중소기업 관리자 5) 경찰관 6) 회계감사원 7) 기능직 종사자 8) 농부 9) 창고, 화물 운송, 공원 　관리, 기타 노동자 10) 소방 관리자 11) 건설 노동자 12) 공공서비스 보조, 공중 　보건 종사자	장점 • 날카로운 관찰력과 정보에 대한 기억력이 뛰어나다. • 무엇을 해야 할 것인지, 또 그것을 위해 현실적으로 무 　엇이 필요한지 안다. • 판매와 협상을 즐긴다. • 여러 부류의 사람들과 어울릴 수 있다. • 타고난 흥행업자다. 단점 • 행동에 대한 장기적 결과를 모른다. • 타인의 감정에 둔하다. • 규정이나 제한에 쉽게 구속감을 느낀다. • 행정적인 절차를 못 참는 경우가 많다. • 시한과 시간표에 대해 무책임하게 행동할 수 있다.

ESFP	장단점
선택률이 높은 직업 1) 보육교사 2) 운송업 종사자 3) 공장 부지 감독자 4) 사서 5) 회계원, 현금 출납원 6) 디자이너 7) 접수계원, 사무관리자 　및 타자수 8) 구조원, 레크리에이션 　보조 9) 유치원 교사 10) 학생지도 교사 11) 요식업자	장점 • 상식이 풍부하며 현실적이다. • 활동적인 직업을 좋아한다. 변화와 다양성에 잘 적응 　한다. • 일하면서 활기에 넘치고 재미있는 분위기를 조성한다. • 의사소통능력이 뛰어나다. • 동료 및 고객들에게 사랑을 받는다. 단점 • 미리 계획을 세우는 일이나 결과를 예측하는 일을 잘 　못한다. • 충동적이고 쉽게 유혹에 넘어가는 경향이 있다. • 짧은 시간 동안이라도 혼자 일하는 데 어려움을 느낀다. • 자신 및 타인에게 규율을 세우는 일을 잘 못한다. • 숨은 의미를 파악하는 일을 못한다.

ENFP	장단점

선택률이 높은 직업
1) 사이코드라마 치료자
2) 언론인
3) 상담자: 재활, 가출청소
  년, 자살이나 위기 등
  다양한 분야의 상담
4) 교사: 미술, 연극, 음악
5) 연구보조원
6) 학교 상담자
7) 심리학자
8) 종교교육 지도자
9) 성직자
	장점
	• 혁신적으로 사고하고 문제해결능력이 뛰어나다.
	• 자신의 재능을 타인의 관심 및 능력과 결합할 수 있다.
	• 흥미를 느끼는 분야라면 어느 곳에서든 성공할 수 있다.
	• 사람을 적재적소에 배치하는 능력이 뛰어나다.
	• 사람들에게 자신의 열정을 전파하고 동기를 부여할 수 있다.
	단점
	• 일의 우선순위를 정하는 능력과 조직성이 떨어진다.
	• 일을 끝까지 마무리하지 못한다.
	• 쉽게 싫증을 느끼고 옆길로 샌다.
	• 반복적이고 일상적인 업무를 싫어한다.
	• 혼자서 일하면 효율성이 떨어지는 경우가 많다.

ENTP	장단점
선택률이 높은 직업 1) 사진사 2) 마케팅 전문가 3) 언론인 4) 배우 5) 컴퓨터 관련 전문가 6) 신용조회 혹은 저당 중 개인 7) 정신과 의사 8) 엔지니어: 화학, 기계 9) 건축가 10) 홍보 및 광고 관련 종사자 11) 예술가 12) 연예인	장점 • 문제해결 과정에서 독창성과 임기응변을 발휘할 수 있는 능력이 있다. • 자극적인 프로젝트가 연속될 때 능력을 잘 발휘한다. • 재미있고 영감에 넘치는 대중 연설가가 될 수 있다. • 개혁과 냉철한 분석에 능하다. • 자신감이 있고 원하는 것은 무엇이든 될 수 있다. 단점 • 창조적으로 문제가 해결되었을 때 프로젝트에 대한 흥미를 잃어버릴 수 있다. • 자질구레한 업무와 정리 작업에 전념하는 일이 힘들다. • 일상적으로 반복되는 일을 싫어하고 정해진 방식으로 일을 하지 않으려 한다. • 자주 다른 사람의 말에 끼어든다. 자신감이 지나치고 자신의 능력을 잘못 평가하는 경우도 있다. • 신뢰할 수 없고 무책임하다.

ESTJ	장단점
선택률이 높은 직업 1) 관리자: 소매, 중소기업 2) 소방 관리자 3) 구매담당원 4) 교사: 상업, 공업, 기술 5) 관리자: 요식업 6) 경찰 관리자 7) 학교장 8) 관리자: 재정, 은행 직원 9) 공장 혹은 부지 감독자 10) 관리자: 시, 도, 정부 11) 판매 관리자 12) 교정직 종사자	장점 • 실용적이고 성과 지향적이다. • 초지일관 조직의 목표를 향해 나아간다. • 타고난 조직가이며 객관적 판단을 하는 데 능하다. • 의무를 성실하게 이행하며 필요한 경우 냉정해질 수 있다. • 논리성, 일관성, 실용성, 효율성이 없는 일을 알아보는 능력이 뛰어나다. 단점 • 절차를 따르지 않거나 꼼꼼하지 못한 사람들을 못 참는다. • 비능률적인 일을 참지 못한다. • 현재의 순간에 존재하지 않는 가능성에 대해 흥미를 갖지 못한다. • 반대 의견에 귀 기울이려 하지 않는다. 무뚝뚝한 경향이 있고 무례해 보인다.

ESFJ	장단점
선택률이 높은 직업 1) 교사: 초·중·고 2) 접수계원, 의료 비서 3) 헤어드레서, 메이크업 아티스트 4) 요식업자 5) 행정가: 학생 지도 6) 가정관리 감독자, 가정 경제학자 7) 치과보조원 8) 교사: 언어병리학, 치료 9) 종교인 10) 종교교육자 11) 전문간호사 12) 교사: 중·고등학교의 외국어 담당	장점 • 훌륭한 협조자로서 다른 사람들과 친근하고 조화로운 관계를 만든다. • 업무에 상관없이 개인적 관계를 형성한다. • 부지런하고 생산적이며 양심적이고 성실하다. • 반복적인 업무에 잘 적응한다. 규칙과 규율을 잘 따른다. • 매우 조직적이고 사실을 잘 기억한다. 단점 • 비판에 민감하다. 긴장된 업무 환경에서 스트레스를 받는다. • 칭찬이나 감사의 표현이 없을 경우 풀이 죽기 쉽다. • 다른 대안을 고려해 보지 않고 성급하게 판단을 내린다. • 일을 하는 새로운 방식을 찾지 않는다. 독단적이고 완고해질 수 있다 • 장시간 혼자 일할 경우 불안해한다. 사람들과 사귀는 것이 필요하다.

ENFJ	장단점
선택률이 높은 직업 1) 종교교육 지도자 2) 성직자 3) 가정관리 감독자, 가정 경제학자 4) 종교 율법 학자 5) 보건 교사 6) 사이코드라마 치료자 7) 배우 8) 교사: 미술, 연극, 음악 9) 자살 혹은 위기개입 상담자 10) 순수예술가	장점 • 화합을 중요하게 생각한다. • 다른 사람들의 의견을 존중하고 그 가치를 본다. • 쓰기보다는 말로 표현하는 것을 선호하며 표현하는 데 천부적인 재질을 지녔다. • 결단력이 있고 조직적이다. • 타고난 지도자다. 단점 • 사람들을 이상화하는 경향이 있다. • 결정을 서두른다. • 갈등에 대처하는 데 어려움이 있고 문제를 덮어 두는 경향이 있다. • 비판을 듣고 상처 받는 경향이 있다. • 사실의 정확성에 유의하지 않는다.

ENTJ	장단점
선택률이 높은 직업 1) 경영 컨설턴트 2) 변호사: 행정, 비실무 3) 인력자원 관리자 4) 컴퓨터 관련 실무 전문가/ 연구자 5) 판매 관리자 6) 관리자: 회사 중역 7) 신용조회 혹은 저당 중개인 8) 마케팅 전문가 9) 인사 혹은 노사 관계 활동가 10) 행정가: 대학, 기술 연구소 11) 행정가: 보건 12) 교육 분야 컨설턴트	장점 • 통찰력 있는 지도자가 될 수 있다. • 정상에 오를 기회가 있는 조직에서 일을 제일 잘한다. • 야심적이고 부지런하다. 정직하고 솔직하다. • 복잡한 문제를 창조적으로 해결한다. 논리적 판단을 내릴 수 있다. • 목표 지향적이다. 단점 • 요구가 많고 비판적이며 무섭게 군다. • 인생의 다른 측면보다 일을 우선시한다. • 관계된 사실이나 중요한 세부 사항을 무시하고 급하게 결정한다. • 칭찬이나 격려에 인색하다. • 남의 도움을 요청하지 않거나 허용하지 않는다.

4. 홀랜드의 진로 적성 유형

홀랜드(Holland, 1992)는 다음과 같이 여섯 가지의 대표적인 적성 유형을 분류하였다. 사람들의 적성은 실재적 유형(Realistic: R), 탐구적 유형(Investigative: I), 예술적 유형(Artistic: A), 사회적 유형(Social: S), 설득적 유형(Enterprising: E), 관습적 유형(Conventional: C)의 여섯 가지 유형인데 어느 한 가지 유형에 꼭 들어맞는 사람도 있지만, 대개 한 유형이 우세하고 그보다 약간 약한 두 번째나 세 번째 유형을 가지고 있는 경우가 많다. 다음의 각 유형에 대한 설명을 참고해 보자.

1) 실재적 유형(R)

(1) 성격 특징

남성적이고, 솔직하고, 성실하며, 검소하고, 지구력이 있고, 건강하며, 소박하고, 말이 적다. 냉정하고, 구체적, 실리적, 비사교적, 순응적, 실제적이며, 고집이 있고, 직선적이며, 단순하다.

(2) 직업활동선호

분명하고, 질서정연하고, 체계적인, 대상·연장·기계·동물들의 조작을 주로 하는 활동 내지는 신체적 기술들을 좋아하고, 교육적·치료적 활동은 좋아하지 않는다.

(3) 적성유능감

기계적·운동적인 능력은 있으나 대인관계 능력은 부족하다. 수공, 농업, 전기, 기술 관련 능력은 높으나 교육적 능력은 부족하다.

(4) 가치

특기, 기술, 기능, 전문성, 유능성, 생산성

(5) 생의 목표

기계나 장치를 발견하는 것, 유능한 기술자, 뛰어난 운동선수가 되는 것

2) 탐구적 유형(I)

(1) 성격 특징

탐구심이 많고, 논리적, 분석적, 합리적이며, 정확하고, 지적 호기심이 많으며, 지적이고, 학구적이다. 나서지 않고, 소극적이며, 인기가 없고, 비판적, 내성적이고, 수줍음을 잘 타며, 신중하다.

(2) 직업활동선호

관찰적, 상징적이며, 물리적 · 생물학적 · 문화적 현상의 창조적인 탐구를 수반하는 활동들에 흥미를 보이지만, 사회적이고 반복적인 활동에는 관심이 부족한 면이 있다.

(3) 적성유능감

학구적 · 지적 자부심을 가지고 있으며, 수학적 · 과학적 능력은 높으나 지도력이나 설득력은 부족하다. 연구 능력이 높다.

(4) 가치

탐구, 지식, 학문, 지혜, 합리성

(5) 생의 목표

사물이나 현상의 발견 및 과학에 대한 이론적 기여를 하는 것

3) 예술적 유형(A)

(1) 성격 특징

상상력이 풍부하고, 감수성이 강하며, 자유분방하고, 개방적이며, 직관적이고, 까다롭다. 관념적이고, 복잡하며, 순응하지 않고, 즉흥적이며, 독창적이고, 감정이 풍부하고, 개성이 강하고, 협동적이지 않다.

(2) 직업활동선호

예술적 창조와 표현, 변화와 다양성을 선호하고 틀에 박힌 것을 싫어한다. 모호하고 자유롭고, 상징적인 활동을 선호한다. 체계적이고 구조화된 활동에는 흥미가 없다.

(3) 적성유능감

미술적·음악적 능력은 있으나 사무적 기술은 부족하다. 상징적·자유적·비체계적 능력은 있으나 체계적·순서적 능력은 부족하다.

(4) 가치

예술, 창의성, 재능, 변화, 자유, 개성

(5) 생의 목표

예술계의 유명인이 되거나 독창적인 작품 활동을 하는 것

4) 사회적 유형(S)

(1) 성격 특징

사람들을 좋아하며, 어울리기 좋아하고, 친절하고, 우호적이고, 이해심이 많으며, 사회성 있고, 외향적이다. 관대하고, 따뜻하며, 재치 있고, 협동적이며,

남을 잘 도와주고, 봉사적, 감정적이다.

(2) 직업활동선호

타인의 문제를 듣고 이해하고 도와주고 치료해 주고 봉사하는 활동들에 흥미를 보이지만, 기계, 도구, 물질과 함께하는 명쾌하고 질서정연하고 체계적인 활동에는 흥미가 없다.

(3) 적성유능감

사회적 · 교육적 지도력과 대인관계 능력은 있으나 기계적 · 과학적 능력은 부족하다. 기계적 · 체계적 능력이 부족하다.

(4) 가치

사랑, 평등, 헌신, 인간존중, 공익, 용서, 봉사

(5) 생의 목표

타인들을 돕고 희생하며, 존경받는 스승, 치료전문가가 되는 것

5) 설득적 유형(E)

(1) 성격 특징

지배적, 설득적이고 통솔력과 지도력이 있으며, 열성적인 말을 잘한다. 경쟁적, 쟁취적, 과시적, 야심적, 외향적, 낙관적이다. 쾌락추구적이고, 자신감과 모험심이 있으며, 활기차다.

(2) 직업활동선호

조직의 목적과 경제적 이익을 얻기 위해 타인을 선도, 계획, 통제, 관리하는 일과 그 결과로 얻어지는 위신, 인정, 권위를 얻는 활동들을 좋아하지만 관찰

적, 상징적, 체계적 활동에는 흥미가 없다.

(3) 적성유능감

적극적이고, 사회적이고, 지도력과 언어의 능력은 있으나 과학적인 능력은 부족하다. 대인 간의 설득적인 능력은 있으나 체계적 능력은 부족하다.

(4) 가치

권력, 야망, 명예, 모험, 자유, 보상

(5) 생의 목표

사회의 영향력 있는 지도자, 금융과 상업 분야의 전문가가 되는 것

6) 관습적 유형(C)

(1) 성격 특징

정확하고, 빈틈이 없고, 조심성이 있으며, 세밀하고, 보수적이며, 계획성이 있다. 관습적, 순응적, 실천적, 사무적, 능률적이고, 검소하며, 질서정연하고, 방법적이며, 상상력이 없고, 완고하고, 책임감이 강하다.

(2) 직업활동선호

정해진 원칙과 규칙에 따라 자료들을 기록, 정리, 조직하는 일을 좋아하고 체계적인 작업 환경에서 사무적, 계산적, 능력을 발휘하는 활동을 좋아한다. 창의적이고, 자율적이며, 모험적, 비체계적인 활동에는 매우 혼란스러워 한다.

(3) 적성유능감

사무적이며, 계산적이고, 회계정리 능력은 있지만 예술적, 상상적인 능력은 부족하다. 체계성, 정확성은 있으나 탐구적, 독창적 능력은 부족하다.

(4) 가치

능률, 체계, 안전, 안정

(5) 생의 목표

금융과 회계의 전문가, 사무행정 전문가가 되는 것

5. 홀랜드의 진로 적성 유형에 따른 직업 리스트

	RS	RE	RC	R	RI	RA
R	각종장비설치자	건설도금업자	건축설계사	경찰관	기계공학자	기호식품제조자
	건설공사도배사	경찰관	교도관	농업관련종사자	기계제작자	마네킹전시가
	목축업자	동물사육사	기계조립자	목장/농장경영자	방사선기술자	모형제조자
	보일러수리자	매장관리자	농업관련종사자	엔지니어/공학자	비행기조종사	무대기술자
	야생동물관리자	비밀정보요원	설계사	운동코치	삼림전문가	상품디스플레이어
	응급의료기술자	소방수	사업장안전검사관	원예사	석유기술자	석재조각가
	응급차운전원	수렵관리자	자동차수리자	중장비운전원	엔지니어	옥외홍보물제작자
	입국심사/검열관	열차기관사	직업군인	자동차수리기술자	응급의료기술자	요리전문가
	전기기구수리자	유람선선장	카메라수리자	전기/전자기술자	중장비운전자	음향효과기술자
	통신기사	전문스포츠인	폐기물처리조작원	직업군인	지도제작자	제과/제빵사
		조경사		프로운동선수	직업군인	피아노조율사
		중소기업사장		항공기조종사	토목공학자	

	IS	IE	IC	IR	I	IA
I	개업간호사 교육심리학자 번역가 사회과학연구원 소아과의사 언어병리학자 언어학자 위생학자 의료기술자 치과의사 피부과의사	건축기사 계측기사 도시/교통설계사 사회학자 선박기술자 수학자 시스템기술자 지도제작편집자 직무분석가 직물연구관리자 컨설턴트	과학교사 관리/경영분석가 도안책임자 시력측정/검안사 안전관리기사 약사 연구실기술자 의료기술자 컴퓨터오퍼레이터 통역가	병리학자 산부인과의사 수의사 시력측정/검안사 연구실기술자 외과의사 우주공학자 의학연구가 전기공학자 전자기술자 치과의사 화학자	과학계열연구자 내과의사 대학교수 물리학자 사회학자 생물학자 수학자 심리학자 연구실기술자 지질학자 천문학자 치과의사	경제학자 과학관련삽화가 발명가 생물학자 실험심리학자 예술품감정사 일반심리학자 임상심리학자 지리학자 천문학자 청각/음향과학자 통역가

	AS	AE	AC	AR	AI	A
A	무용안무가 일러스트레이터 상품광고관리자 시각효과도안사 안기연주가 연출가 예능과목교사 작문교사 패션디자이너 레스토랑요리사 홍보전문가	광고/홍보책임자 그래픽디자이너 무대감독/연출가 무용가 방송인 배우 사진기자 실내장식가 웨딩컨설턴트 의상디자이너 일러스트레이터 패션모델	모형제조자 미술관책임자 사회학자 예능과목교사 작문교사 잡지편집인 조경사/원예사 피아노조율사	꽃꽂이디자이너 모형제조자 무대기술자 장신구세공인 사진사 상품디스플레이어 순수미술가 제도사 조각가 조경건축가 조경사/원예사	고고학자 과학기술기고가 기술관련삽화가 번역가 사회과학자 신문기자 영화세트디자이너 음악/미술평론가 인류학자 작가 조경건축가	건축가 미술관책임자 배우 사진가 일러스트레이터 미술가 시인 실내장식가 음악가 작가 잡지편집인 카피라이터

S	SE	SC	SR	SI	SA
간호사	축구코치	물리치료사	레크리에이션강사	임상병리사	교육학자
레크리에이션강사	고교상담교사	보조교사	물리치료사	머천다이저	미술교사
물리치료사	노동중재인	감정평가사	보육교사	보건학자	사회복지사
보육교사	레크리에이션강사	복지관책임자	언어치료사	심리학자	성직자
사회복지사	메이크업 아티스트	사회사업 직원	영양사	일반간호사	외국어교사
상담가	인사담당자	시도직원	의료보조원	정부조사관	유치원교사
성직자	재정상담가	언어치료사	전문스포츠인	의료방사선기사	음악교사
정신보건사업가	직업/재활상담가	의료보조원	직업상담가		정신건강종사자
중고등학교교사	청소년선도경찰관	학교행정담당자	체육교사		중학교교사
초등학교교사	특수교육교사	학원강사	특수학교교사		직업상담가
특수교육교사	항공관제사	항공권판매인			철학자
					초등학교교사

ES	E	EC	ER	EI	EA
연회장지배인	지배인	구매담당자	건설현장감독관	공사계약자	모델
변호사	변호사	도매업자	경매인	농업제품감독관	방송인
보험판매대행인	부동산중개인	사무실관리자	공원관리감독	마케팅책임자	실내장식가
부동산중개인	생명보험업자	상공부실무자	공항관리책임자	변호사	여성복판매원
여행사관리인	인사부책임자	세탁업자	광고대행업자	수력발전소감독관	연예인관리자
영화조감독	정치인	소매상직원	정부자산감독관	정치인	영업책임자
유치원원장	중소기업경영자	운송배치원	도로감독관	지방자치단체장	예술품경매인
인사교육담당자	지방자치단체장	전기기구판매업자	비밀정보요원	컴퓨터판매업자	이벤트전문가
자동차판매인	판매책임자	접수직원	세탁점관리인	해외업무담당자	전문무용인
판매책임자	홍보담당자	제조업자	에어컨설치감독관		헤어디자이너
항공기승무원	아나운서	산업안전감사관	이벤트전문가		
아나운서		회사중역			

	CS	CE	C	CR	CI	CA
C	감시시스템요원	박물관안내원	공인회계사	금융보안직원	건물검시관	공예가
	고객서비스담당자	백화점점원	문서작성/편집자	급식관리인	보험계리인	문서작성/편집자
	금융보안직원	법원속기사	비서	백화점소매관리인	연구실기술자	박물관안내원
	회사내검사관	변호사	사무관리자	보험업자	회계사	미술관안내원
	보험업자	세금조사원	세무/회계감사원	우체국장	감사관	서예가
	비서	신용관리인	원고 교정자	인쇄업자	의료기술자	성우
	신용조사원	은행원	은행원	전화오퍼레이터	거짓말탐지기요원	예능교사
	은행출납계원	전문비서	인쇄업자	직업군인	재무분석가	인쇄업자
	승차권판매인	중소기업경영인	재무분석가	청구서발송직원	투자분석가	잡지편집인
	출판물검사원	회계감사원	제품관리자			헤어디자이너
	컴퓨터오퍼레이터	회계사	컴퓨터오퍼레이터			
	사서	회사원	컴퓨터프로그래머			

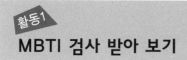

활동1
MBTI 검사 받아 보기

▶ MBTI 성격 유형 중 나는 어느 유형에 속할 것으로 생각되는지 표시해 봅시다.

선택

내향 (I)	( )	( )	외향 (E)
감각 (S)	( )	( )	직관 (N)
사고 (T)	( )	( )	감정 (F)
판단 (J)	( )	( )	인식 (P)

▶ 학교 내의 상담소를 찾아가서 MBTI 검사를 받아 봅시다. 대부분의 대학 상담소에서는 무
료(또는 약간의 실비)로 MBTI 검사를 받을 수 있습니다.

(   )

▶ 자신이 생각한 검사 유형 또는 검사결과에서 나타난 유형과 앞에 언급된 유형별 직업 리
스트를 비교해 보고 자신에게 가장 잘 맞는다고 생각되는 것은 무엇인지 찾아봅시다.

(   ), (   ), (   )

제**6**장

진로발달

생/각/해/봅/시/다

나는 진로를 결정할 때 어떤 부분에서 많은 영향을 받는지 생각해 봅시다. 그리고 잠정적인 혹은 확신하는 진로결정이 있다면 어떻게 그런 결정을 내리게 되었는지 생각해 봅시다.

1. 진로발달이란

진로발달이란 전 생애를 거쳐 최종적인 직업선택이 이루어지기까지의 크고 작은 일련의 의사결정과 관련된 발달과정을 말한다. 진로발달의 과정은 대개 몇 개의 단계로 나누어지고 각 단계마다 달성해야 할 발달과업이 있다. 해당 단계에서 요구되는 발달과업은 그 시기에 중점적으로 노력하고 성취해야 할 내용들을 말하며, 대개의 학자들은 체계적인 진로교육을 통해 발달과업을 이루어 나가는 것이 중요하다고 지적한다. 이 장에서는 진로발달에 대한 주요 발달이론들을 살펴보고 자신의 단계를 점검해 보도록 할 것이다.

2. 긴즈버그의 발달이론

긴즈버그 등(Ginzberg, Ginsburg, Axelrad, & Herma, 1951)은 직업선택의 단계는 환상적 단계, 시험적 단계, 현실적 단계의 세 단계로 구성되어 있고, 이러한 단계에는 가치관, 정서적 요인, 교육의 양과 종류, 실제 상황적 여건의 상호작용의 네 가지 요인이 작용한다고 설명하였다. 직업선택은 일회가 아니라 장기간에 걸쳐서 현실과 이상을 비교하는 과정을 통해 이루어지는 것으로, 각 단계의 결정은 다음 단계의 결정과 밀접한 관계가 있다.

1) 환상적 단계(6~10세)

현실 인식이 없으며 무엇이든지 다 할 수 있다고 믿는 단계다. 놀이를 통해서 직업활동이 표현된다.

2) 시험적 단계(11~17세)

청소년 초기 단계로서 흥미, 능력, 가치를 고려하며 현실적 요인은 고려하지 않는다. 이 단계는 네 가지의 하위 단계를 가진다.

(1) 흥미 단계: 흥미에 따라서 직업선택을 한다.

(2) 능력 단계: 자신의 능력을 시험하며, 다양한 직업세계를 인식한다.

(3) 가치 단계: 직업선택 시 다양성을 인정하며, 직업선호와 자신의 가치와 목표를 비교한다.

(4) 전환 단계: 주관적 요소에서 현실적, 외적 요인에 관심을 돌린다.

3) 현실적 단계(18~22세)

청소년 중기에 해당하며, 현실적인 선택이 이루어진다. 자신의 조건과 직업 요구조건, 현실 요인을 고려하여 타협한다. 정서 불안이나 개인문제, 재정문제가 있으면 이 단계가 늦어지기도 한다. 이 단계에서는 세 가지의 하위 단계를 가진다.

(1) 탐색 단계: 직업선택에 필요한 교육, 경험을 쌓으려고 노력한다.

(2) 구체화 단계: 직업목표를 설정하고 자신의 내외적 요인을 종합한다.

(3) 특수화 단계: 결정을 구체화, 세밀화한다.

3. 슈퍼의 발달이론

슈퍼(Super, 1953)는 인간은 자아이미지와 일치하는 직업을 선택한다고 주장하였으며 직업선택이 자기 자신에서부터 출발한다는 관점을 제시하였다. 또한 청소년기 이후에는 자아개념에 큰 변화가 오지 않는다고 주장하였다. 전체적인 단계는 성장기, 탐색기, 확립기, 유지기, 쇠퇴기로 나누어지며, 각각의 특성은 다음과 같다.

1) 성장기

출생부터 14세까지가 해당된다. 이 기간에는 가정과 학교에서의 주요 인물과 동일시함으로써 자아개념을 발달시킨다. 이 시기의 초기에는 욕구와 환상이 지배적이나 사회 참여와 현실 검증이 증가함에 따라 흥미와 능력을 중요시하게 된다. 이 단계는 세 가지 하위 단계인 환상기, 흥미기, 능력기로 나누어진다.

(1) 환상기(4~10세): 욕구가 지배적이며 환상적인 역할 수행이 중요시된다.

(2) 흥미기(11~13세): 개인의 취향이 활동의 목표와 내용, 진로목표 선정 시 결정 요인이 된다.

(3) 능력기(13~14세): 자신의 능력을 중시하며 이를 고려하여 진로를 선택하려 한다. 또한 직업훈련의 요구조건들을 고려한다.

2) 탐색기

15세부터 24세까지이며, 자신의 욕구, 흥미, 능력, 가치, 취업 기회 등을 고려하고, 자신에게 알맞은 직업을 잠정적으로 선택해 보는 시기다. 즉, 학교생활, 여가 활동, 시간제 일자리 등을 통해서 자아 검증, 역할 시행, 직업적 탐색을 행하는 시기로, 탐색기는 다시 잠정기, 전환기, 시행기의 세 가지 하위 단계로 나누어진다.

(1) 잠정기(15~17세): 욕구, 흥미, 능력, 가치, 직업 기회를 고려하여 잠정적으로 진로를 선택하고, 환상 속에서 또는 토의, 일, 기타 경험을 통해서 시행해 본다.

(2) 전환기(18~21세): 개인이 취업을 하거나 취업에 필요한 훈련, 교육 등을 받고, 직업선택에서 보다 더 현실적인 요인들을 고려하게 되며, 자아개

념이 직업적 자아개념으로 전환하게 되는 시기다.

(3) 시행기(22~24세): 개인은 직업을 갖게 되며, 그 직업이 자신에게 적합한지의 여부를 시험한다.

3) 확립기

25세에서 44세까지이며, 자신에게 알맞은 분야를 발견하고 거기에서 영구적인 위치를 확보하기 위해 노력한다. 즉, 자신의 생활 터전을 안정시키기 위해 노력하는 시기다. 이 시기는 다시 시행 및 안정기와 승진기로 나누어진다.

(1) 시행기 및 안정기(25~30세): 자신이 선택한 일의 분야가 적합하지 않을 경우 적합한 일을 발견할 때까지 몇 차례의 변화를 겪게 되며, 영구적인 직업을 확보할 때까지 노력을 계속하는 시기다.

(2) 승진기(31~44세): 진로 유형이 분명해짐에 따라 그 직업을 안정시키고, 직업세계에서 안정과 만족, 소속감, 지위 등을 굳히기 위한 노력을 한다.

4) 유지기

45세에서 65세까지이며, 개인은 이미 정해진 직업에 정착하고, 그 직업을 유지하기 위한 노력을 한다. 즉, 개인은 직업세계에서 그 자신의 위치를 확고히 하고 유지하려는 시기로 가장 안정된 생활 속에서 지낼 수 있다.

5) 쇠퇴기

65세 이후의 시기다. 개인은 정신적으로나 육체적으로 그 기능이나 힘이 약해짐에 따라 직업 전선에서 은퇴하며, 새로운 역할이나 활동을 추구하게 된다. 이 시기는 감속기와 은퇴기로 나누어진다.

(1) 감속기(65~70세): 일의 수행 속도가 느려지고, 직무에 변화가 오거나 혹

은 일의 능력이 쇠퇴하는 데 알맞게 변화가 요구된다. 이 시기의 사람들
은 시간제 일을 찾고자 한다.

(2) 은퇴기(71세 이후): 시간제 일, 자원봉사자 혹은 여가 활동 등으로 이직하
게 된다.

4. 티드먼과 오하라의 발달이론

티드먼과 오하라(Tiedeman & O'Hara, 1963)는 직업발달은 직업 자아정체감
을 형성하는 계속적 과정으로 보았으며 일생 동안 직업발달단계가 반복된다
고 보았다. 직업 자아정체감이란 개인이 자신의 특성을 파악하고 이를 실현시
킬 수 있는 일이 무엇인가를 인식하는 것이며, 직업을 선택할 때 의사결정을
스스로 내려 보는 것이 직업적 자아 확립에 도움이 된다고 보았다. 또한 직업
발달은 교육 또는 직업에서 개인의 나아갈 방향을 선택하고 선택한 방향에 따
라 잘 적응하고 발전하는 과정에서 이루어지는 자아의 발달이라 보았다.

1) 예상기

(1) 탐색 단계: 개인이 현재 상태에 불만족을 느끼고 문제가 있음을 인식하
면서 문제를 해결하기 위하여 의사결정을 내려야 할 필요성을 깨닫는
다. 현재의 진로 상태에서 분화되어 가능한 다른 목표나 대안을 찾는다.
이때의 목표나 대안들은 가변적이고 일시적인 것들이다.

(2) 구체화 단계: 개인은 가치화 과정을 통해 각 대안의 장단점을 비교 · 검
토하여 서열화하고 조직화한다. 구체화 과정에서 불만족이 나타나면 새
로운 대안들을 찾기 위해 전 단계로 돌아가기도 한다.

(3) 선택 단계: 개인은 대안들 가운데 하나를 선택한다. 선택의 확신 정도는
선택을 이행할 때 개인의 결심에 영향을 미친다.

(4) 명료화 단계: 실제로 선택을 이행하기 전에 선택의 가능한 결과를 명료화하고 실패의 가능성을 줄인다.

2) 실천기

(1) 적응 단계: 개인이 선택한 것을 행동으로 옮기는 단계로서 개인은 수동적으로 적응하려 한다. 개인의 목표는 집단의 목표에 동화되고 수정된다.
(2) 개혁 단계: 전 단계의 수용적인 성격이 좀 더 주장적 자세로 변화된다. 개인은 자신의 가치감을 발달시키고 집단의 목표를 자신의 목표와 부합하는 방향으로 수정하려고 한다.
(3) 통합 단계: 개인이 집단의 목표가 자신의 개인적 목표와 유사하다고 생각할 때 일어난다. 통합은 오래된 것과 새로운 것 사이의 평형 상태를 의미한다.

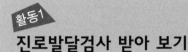
진로발달검사 받아 보기

↘ 다음의 지시에 따라 검사에 답을 해 봅시다.

〈진로계획(CP)〉

※ 다음 문항들은 평소 자신의 진로에 대하여 어느 정도 생각하고 계획하였는지를 알아보고자 하는 것입니다. 각 문항을 읽고 자신의 생각에 가장 일치하는 부분에 ○표 하세요.

1. 나는 대학원 진학 혹은 취업을 위하여 도서관을 찾거나 혹은 잘 알고 있는 누군가에게 물어보거나 혹은 필요한 새로운 정보를 얻기 위하여 취업정보센터를 이용한다.

   ① 전혀 그렇지 않다   ② 그렇지 않다   ③ 보통이다
   ④ 그렇다   ⑤ 매우 그렇다

2. 나는 나를 어느 정도 알고 있는 어른과 함께 나의 진로에 대하여 이야기를 나눈다.

   ① 전혀 그렇지 않다   ② 그렇지 않다   ③ 보통이다
   ④ 그렇다   ⑤ 매우 그렇다

3. 내가 수강한 과목들은 대학 졸업 후 내가 직업을 선택하고 결정할 때 도움이 될 것이다.

   ① 전혀 그렇지 않다   ② 그렇지 않다   ③ 보통이다
   ④ 그렇다   ⑤ 매우 그렇다

4. 내가 전공한 학문은 대학 이후, 혹은 대학원, 직업훈련, 직무수행에 도움이 될 것이다.

   ① 전혀 그렇지 않다   ② 그렇지 않다   ③ 보통이다
   ④ 그렇다   ⑤ 매우 그렇다

5. 대학에서 학과 활동은 대학 졸업 후 대학원 혹은 직무수행에 도움이 될 것이다.

    ① 전혀 그렇지 않다   ② 그렇지 않다   ③ 보통이다

    ④ 그렇다   ⑤ 매우 그렇다

6. 대학에서 동아리 활동은 졸업 후 나의 취업에 도움이 될 것이다.

    ① 전혀 그렇지 않다   ② 그렇지 않다   ③ 보통이다

    ④ 그렇다   ⑤ 매우 그렇다

7. 아르바이트 경험은 졸업 후 나의 취업에 도움이 될 것이다.

    ① 전혀 그렇지 않다   ② 그렇지 않다   ③ 보통이다

    ④ 그렇다   ⑤ 매우 그렇다

8. 현재 실업난은 나의 진로선택에 좋지 않은 영향을 미칠 것이다.

    ① 전혀 그렇지 않다   ② 그렇지 않다   ③ 보통이다

    ④ 그렇다   ⑤ 매우 그렇다

9. 여러 가지 직업훈련이나 교육적 경험은 나의 취업에 도움이 될 것이다.

    ① 전혀 그렇지 않다   ② 그렇지 않다   ③ 보통이다

    ④ 그렇다   ⑤ 매우 그렇다

10. 나는 대학원이나 직업훈련을 마친 후에 취업을 할 것이다.

    ① 전혀 그렇지 않다   ② 그렇지 않다   ③ 보통이다

    ④ 그렇다   ⑤ 매우 그렇다

11. 이상의 사항들은 나로 하여금 성실한 근로자가 되게 하는 데 도움이 될 것이며, 이상의 사항들을 잘 고려한 사람은 자신에게 적합한 직업을 얻게 될 것이다.

    ① 전혀 그렇지 않다   ② 그렇지 않다   ③ 보통이다

    ④ 그렇다   ⑤ 매우 그렇다

※ 대학을 졸업한 후 자신이 원하는 직업에 취업될 것이라고 생각해 봅시다. 이 직업에 대해 나는 어느 정도의 지식을 가지고 있는지 알아봅시다. 문항을 읽고 자신의 생각에 일치하는 부분에 ○표 하세요.

12. 직무를 효율적으로 수행해야 한다는 사실을

　　① 전혀 모른다　　　　② 조금 안다　　　　③ 평균 수준으로 안다
　　④ 많이 안다　　　　　⑤ 매우 많이 안다

13. 직무수행에 필요한 능력이 있음을

　　① 전혀 모른다　　　　② 조금 안다　　　　③ 평균 수준으로 안다
　　④ 많이 안다　　　　　⑤ 매우 많이 안다

14. 작업 조건에 대해

　　① 전혀 모른다　　　　② 조금 안다　　　　③ 평균 수준으로 안다
　　④ 많이 안다　　　　　⑤ 매우 많이 안다

15. 어떤 직업에 취업하려면 교육이나 훈련을 받아야 한다는 것을

　　① 전혀 모른다　　　　② 조금 안다　　　　③ 평균 수준으로 안다
　　④ 많이 안다　　　　　⑤ 매우 많이 안다

16. 대학에서 전공한 것과 유사한 직업에 취업할 경우 대학에서 배운 과목들은 직무수행에 매우 효율적이라는 사실을

　　① 전혀 모른다　　　　② 조금 안다　　　　③ 평균 수준으로 안다
　　④ 많이 안다　　　　　⑤ 매우 많이 안다

17. 미래의 직업에 대하여 알아 둘 필요가 있다는 것을

　　① 전혀 모른다　　　　② 조금 안다　　　　③ 평균 수준으로 안다
　　④ 많이 안다　　　　　⑤ 매우 많이 안다

18. 취업하기 위한 다양한 방법이 있다는 것을

    ① 전혀 모른다   ② 조금 안다   ③ 평균 수준으로 안다

    ④ 많이 안다   ⑤ 매우 많이 안다

19. 직업마다 승진의 기회가 있다는 것을

    ① 전혀 모른다   ② 조금 안다   ③ 평균 수준으로 안다

    ④ 많이 안다   ⑤ 매우 많이 안다

20. 내가 종사하게 될 직업에서 하게 될 일의 종류에 대하여

    ① 전혀 모른다   ② 조금 안다   ③ 평균 수준으로 안다

    ④ 많이 안다   ⑤ 매우 많이 안다

〈진로탐색(CE)〉

> ※ 다음 21번에서 30번까지의 문항들에는 여러분이 자신의 진로를 계획할 때 도움이 될 만한 정보원들이 있습니다. 각 문항을 읽고 자신의 생각에 일치하는 부분에 ○표 하세요.

21. 친구들은

    ① 전혀 도움이 안 된다   ② 도움이 안 된다

    ③ 도움이 된다   ④ 정말 도움이 된다

22. 선배들은

    ① 전혀 도움이 안 된다   ② 도움이 안 된다

    ③ 도움이 된다   ④ 정말 도움이 된다

23. 교수님들은

    ① 전혀 도움이 안 된다   ② 도움이 안 된다

    ③ 도움이 된다   ④ 정말 도움이 된다

24. 학생생활연구소의 상담자들은

   ① 전혀 도움이 안 된다   ② 도움이 안 된다

   ③ 도움이 된다   ④ 정말 도움이 된다

25. 고용정보센터의 상담자들은

   ① 전혀 도움이 안 된다   ② 도움이 안 된다

   ③ 도움이 된다   ④ 정말 도움이 된다

26. 내가 필요로 하는 정보를 제시하는 책은

   ① 전혀 도움이 안 된다   ② 도움이 안 된다

   ③ 도움이 된다   ④ 정말 도움이 된다

27. 컴퓨터, 비디오 등의 시청각 자료는

   ① 전혀 도움이 안 된다   ② 도움이 안 된다

   ③ 도움이 된다   ④ 정말 도움이 된다

28. 대학 혹은 대학원 요람은

   ① 전혀 도움이 안 된다   ② 도움이 안 된다

   ③ 도움이 된다   ④ 정말 도움이 된다

29. 내가 생각하고 있는 직업 혹은 대학원 혹은 전문학교에 종사하고 있는 사람들은

   ① 전혀 도움이 안 된다   ② 도움이 안 된다

   ③ 도움이 된다   ④ 정말 도움이 된다

30. TV, 영화, 잡지 등과 같은 대중매체는

   ① 전혀 도움이 안 된다   ② 도움이 안 된다

   ③ 도움이 된다   ④ 정말 도움이 된다

※ 다음의 31번에서 40번까지 문항들은 여러분이 자신의 진로를 계획할 때 사람들 혹은 정보원들로부터 얼마나 유용한 정보를 얻을 수 있는지에 대하여 알아보고자 합니다. 각 문항을 읽고 자신의 생각에 일치하는 부분에 ○표 하세요.

31. 친구들로부터 유용한 정보를
　① 얻을 수 없다　　　　② 얻을 수 있다
　③ 많이 얻을 수 있다　④ 매우 많이 얻을 수 있다

32. 선배들로부터 유용한 정보를
　① 얻을 수 없다　　　　② 얻을 수 있다
　③ 많이 얻을 수 있다　④ 매우 많이 얻을 수 있다

33. 교수님들로부터 유용한 정보를
　① 얻을 수 없다　　　　② 얻을 수 있다
　③ 많이 얻을 수 있다　④ 매우 많이 얻을 수 있다

34. 학생생활연구소의 상담자들로부터 유용한 정보를
　① 얻을 수 없다　　　　② 얻을 수 있다
　③ 많이 얻을 수 있다　④ 매우 많이 얻을 수 있다

35. 고용정보센터의 상담자들, 도움을 줄 만한 어른들로부터 유용한 정보를
　① 얻을 수 없다　　　　② 얻을 수 있다
　③ 많이 얻을 수 있다　④ 매우 많이 얻을 수 있다

36. 내가 필요로 하는 정보를 제시하는 책으로부터 유용한 정보를
　① 얻을 수 없다　　　　② 얻을 수 있다
　③ 많이 얻을 수 있다　④ 매우 많이 얻을 수 있다

37. 컴퓨터, 비디오 등의 시청각 자료 등으로부터 유용한 정보를

① 얻을 수 없다　　　　　② 얻을 수 있다
③ 많이 얻을 수 있다　　　④ 매우 많이 얻을 수 있다

38. 대학 혹은 대학원 요람으로부터 유용한 정보를

① 얻을 수 없다　　　　　② 얻을 수 있다
③ 많이 얻을 수 있다　　　④ 매우 많이 얻을 수 있다

39. 내가 생각하고 있는 직업 혹은 대학원 혹은 전문학교에 종사하고 있는 사람들로부터
유용한 정보를

① 얻을 수 없다　　　　　② 얻을 수 있다
③ 많이 얻을 수 있다　　　④ 매우 많이 얻을 수 있다

40. TV, 영화, 잡지 등과 같은 대중매체로부터 유용한 정보를

① 얻을 수 없다　　　　　② 얻을 수 있다
③ 많이 얻을 수 있다　　　④ 매우 많이 얻을 수 있다

〈진로결정(DM)〉

※ 다음은 여러분과 같이 진로와 관련하여 여러 가지 생각을 지닌 학생들의 사례를 제시하
였습니다. 각 문항을 읽고 자신의 생각에 가장 일치하는 부분에 ○표 하세요.

41. J는 컴퓨터 프로그래머가 되고 싶어 하지만 컴퓨터 프로그래밍에 대해 아는 지식이 별
로 없다. 그래서 도서관에 가고 있다. 지금 J가 알아야 할 가장 중요한 일은 무엇일까?

① 직업이란 무엇이며, 개인이 직업에서 해야 할 일이 무엇인지 알아본다.
② 임금수준을 알아본다.
③ 근무시간을 알아본다.
④ 직업 훈련 및 교육은 어디서 받을 수 있는지를 알아본다.

42. A는 수공기술이 뛰어나고 A만큼 그 학급에서 기계적 적성을 지닌 학생은 없다. 또한 예술적 능력도 뛰어나다. A는 수학에서 가장 높은 성적을 받았을 뿐만 아니라 수학 과목을 매우 좋아한다. 앞으로 A는 어떤 직업을 선택해야 할까?

① 가능한 한 자신의 흥미와 능력을 활용할 수 있는 직업을 찾아야 한다.

② 예술 분야 혹은 수공기술을 사용하는 직업보다 수학 능력을 사용하는 직업이 더 전망이 있으므로 수학 능력을 요구하는 직업을 찾아야 한다.

③ 결정을 연기한 뒤 자신의 여러 가지 흥미 중 일부가 쇠퇴하기만을 기다린다.

④ 지금은 일단 자신의 능력 혹은 흥미와 관련하여 하나의 직업을 결정한 뒤 이러한 능력을 모두 활용할 수 있는 진로를 계획하여야 한다.

43. R은 고등학교 성적이 우수하므로 일류 대학을 희망하고 있으며 그의 부모님 역시 R의 의견에 찬성하고 있다. 그러나 R은 아직 직업계획에 대해서는 생각해 두지 않았다. R을 위하여 제시되어야 할 다음 단계는 무엇일까?

① 직업계획이 결정될 때까지 대학 진학을 미룬다.

② 이런 상황에서 대학 전공을 선택하기란 매우 어렵다.

③ 대학원 및 전문학교에 대해 알아본다.

④ 여러 가지 전공을 할 수 있는 대학, 즉 학부제를 실시하는 대학을 선택한다.

44. K는 에어컨, 냉동기술 등을 다루는 엔지니어를 직업으로 삼을지 고민하고 있다. K가 진로를 선택하는 데 주의해야 할 점은 무엇일까?

① 받고 싶은 임금수준을 확인한다.

② 직업인들이 가장 존경하는 것이 무엇인지 알아본다.

③ K의 부모님은 어떤 직업을 선호하는지 알아본다.

④ 어느 정도의 교육 및 훈련 정도를 요구하는지 확인한다.

45. E는 학업성적도 우수하고 능력검사에서도 높은 점수를 받았지만 교육 및 직업계획은 없다. E에게 할 수 있는 가장 좋은 충고의 내용은 무엇일까?

① 가능한 빨리 정확한 목표를 세워라.

② 성공할 가능성은 매우 높으니 진로목표, 진로계획에 대해 관심을 가질 필요가 있다.

③ 중요한 선택을 해야 할 때 필요한 정보를 찾으면 된다.

④ 적합한 대학 전공을 선택하는 데 집중하라.

46. M은 화학자 혹은 변호사가 되고 싶어 한다. 두 가지 중 하나를 선택한다면 어느 부분에 비중을 두어 선택하여야 할까?

　① M의 친구들은 그 선택이 좋은 것이라고 생각하는지를 확인한다.

　② M이 대학원에 갈 만한 여유가 있는지를 확인한다.

　③ M이 대학원에 입학할 수 있는지를 확인한다.

　④ M의 과학적 능력과 과학 과목의 성적이 좋은지를 확인한다.

47. E는 대학 졸업 후 경영 부분에서 일하고 싶어 한다. 그래서 회계학을 선택해야 할지 마케팅학을 선택해야 할지 고민이다. 다음 중 어느 부분에 가장 큰 비중을 두어 선택해야 할까?

　① 두 전공에서 요구하는 훈련 시간의 차이

　② 전공 입학의 기회

　③ 어느 전공이 보다 더 큰 노력을 요구하는가

　④ 어느 전공이 E의 능력과 흥미에 가장 적합한가

48. L은 신문기자가 되고 싶어 한다. 유능한 저널리스트가 되기 위해서는 어떤 진로를 계획해야 할까?

　① 신문사에 정시제로 근무하면서 야간에 대학 교육을 받는다.

　② 대학에서 신문방송학을 전공한다.

　③ 인문사회대학에서 학사학위를 받고 신문방송대학원에서 석사과정을 이수한다.

　④ 위의 사항 중 어느 것이든 하나를 한다.

49. B는 타인을 돌보는 데 관심이 많고 다른 사람들을 잘 돌보는 능력이 있다. 다음 중 B가 고려해서는 안 될 진로는 무엇일까?

　① 간호사　　　　　　　　② 레크리에이션 강사

　③ 교사　　　　　　　　　④ 세일즈맨

50. R은 대학에서 수학을 전공하였다. 그런데 R이 대학교 1학년 때 교양영어와 역사개론에서 D 학점을 받았다. R에게 가장 적합한 진로는 무엇일까?

① 엔지니어   ② 수의사
③ 기술공무원   ④ 수학교사

〈직업세계정보(WW)〉

※ 다음의 문항들은 진로발달과 직업세계에 대한 여러분들의 생각을 알아보고자 합니다. 각 문항을 읽고 자신의 생각에 가장 일치하는 부분에 ○표 하세요.

51. 교수나 상담자가 진로에 대하여 궁금해 하는 대학생에게 자신과 세상에 대하여 탐색해 보도록 격려하였다. 교수나 상담자가 그 대학생에게 기대하는 가장 바람직한 행동은 어떤 행동일까?

① 대학 사무실에서 시간제로 근무한다.
② 여행을 한다.
③ 여러 가지 상황에서 여러 가지 활동을 시도해 본다.
④ 일부 적성검사를 받는다.

52. 자신의 흥미, 능력, 기회에 대한 탐색은

① 내가 별로 좋아하지 않는 일을 시작할 때 알아본다.
② 나의 진로가 불만족스러울 때 알아본다.
③ 내가 해고를 당하였을 때 알아본다.
④ 생애 전 과정 동안 철저하게 알아본다.

53. 아동기에서 청소년기까지, 청소년기에서 성인기까지, 성인기에서 중년기 및 노년기까지 등의 생애에서 중요한 전환기에 나에게 가장 중요한 것은

① 사람들이 나에 대해 더 많은 기대를 갖는 것이다.
② 나의 삶이 더 쉬워지는 것이다.
③ 보다 거친 경쟁을 하는 것이다.
④ 새로운 결정과 선택을 하는 것이다.

54. 25세 이상의 성인들은 더 이상 직업을 바꾸려 하지 않는다. 그 이유는 무엇일까?

    ① 대부분 고용주들은 직업을 많이 바꾼 사람들을 고용하지 않으려 하기 때문이다.

    ② 직업 전환은 결국 자신에게 나쁜 경력이 된다고 생각하기 때문이다.

    ③ 현재 그들은 더 나은 자기상과 직업세계에 대한 상을 가지고 있기 때문이다.

    ④ 직업 전환의 긍정적인 면보다 실직에 대한 괴로움을 싫어하기 때문이다.

55. 대학에서 전공을 바꾸려는 경우 어떻게 바꾸는 것이 가장 쉬운 일일까?

    ① 경영학에서 생물학으로

    ② 물리학에서 경영학으로

    ③ 역사학에서 물리학으로

    ④ 교육학에서 상담심리학으로

56. 내가 진로를 선택할 때 가장 중요한 고려 사항은

    ① '나의 상사(교수 혹은 고용주)로부터 인정받을 수 있는가?'

    ② '나에게 쉬운 것인가 아니면 어려운 것인가?'

    ③ '무엇보다 부모님이 인정해 주는가?'

    ④ '나의 흥미와 능력에 적합한가?'

57. 고등학교 혹은 대학교 시절에 나의 미래에 대해서 주어진 가장 좋은 충고는

    ① 중요한 사람을 아는 것은 성적이나 고용주의 평가보다 더 중요하다.

    ② 무엇이든지 시도해 보라.

    ③ 처음에 실패하여도 계속 시도해 보라.

    ④ 경험에 비추어 나의 계획을 평가하고 수정하라.

58. 낮은 임금을 받으며 직무훈련을 받는 것 대신에 좋은 임금에 고정된 일자리를 얻기 위해 대학을 중퇴하는 학생은

    ① 부모님의 압력 때문일 것이다.

    ② 보다 숙련된 기술을 습득하기 위하여 노력하는 것이다.

    ③ 상담자의 충고를 따른 것이다.

    ④ 더 나은 현재를 위하여 미래를 포기한 것이다.

59. 은퇴한 후에도 계속 직업을 가지려고 하는 사람은 대개

① 사회복지 혜택을 받고 싶어 하는 사람이다.

② 일과 활동을 좋아하는 사람이다.

③ 고용주가 필요로 하는 사람이다.

④ 무엇을 해야 할지를 모르는 사람이다.

60. 다음 직업들 중에서 나머지 셋과 다른 직업군에 속하는 것은?

① 문화인류학자　　　　　　　　② 사회학자

③ 고생물학자　　　　　　　　　④ 인구통계학자

61. 의과대학을 졸업하지 않은 사람이 의사가 되려면 어디서 배워야 하는가?

① 고등학교　　　　　　　　　　② 2년제 대학 및 기술학교

③ 4년제 대학　　　　　　　　　④ 전문대학원

62. 교직과목을 이수하지 않은 학생이 교사가 되려면 어디서 배워야 하는가?

① 직무수행훈련　　　　　　　　② 2년제 대학

③ 4년제 대학　　　　　　　　　④ 교육대학원

63. 상담심리사가 되려면 어디서 배워야 하는가?

① 회계학과　　　　　　　　　　② 사회학과

③ 사회복지학과　　　　　　　　④ 심리학과

64. 새로운 직업생활을 시작할 때 가장 중요한 점은?

① 동료 직장인이 나를 좋아하도록 만드는 것이다.

② 고용주에게 잘 보이는 것이다.

③ 다른 사람들이 느끼는 감정을 읽을 줄 아는 것이다.

④ 나의 감정을 다른 사람들에게 숨기는 것이다.

65. 면접을 볼 때 다음 중 가장 중요한 것은?

   ① 면접관에게 앞으로 어떻게 일을 할 것인지를 말한다.

   ② 임금수준이 어느 정도 되는지를 물어본다.

   ③ 서로의 친구를 소개한다.

   ④ 나와 직업이 서로에게 이점이 되는 점이 무엇인지 발견해 낸다.

66. 다음 중 회사를 떠난 후에 직무에 대해 가장 빨리 잊어버릴 수 있는 직업은?

   ① 심장병 학자   ② 지방 급여 관리자

   ③ 대학교수   ④ 신용카드 관리자

67. 남녀고용평등법은 누구에게 보다 더 많은 기회를 제공해 준다고 생각하는가?

   ① 대학 졸업자   ② 숙련된 근로자

   ③ 고등학교 졸업자   ④ 여성

🔽 진로발달검사 답안지

진로발달			
진로태도		진로인지	
진로계획	진로탐색	진로결정	직업세계정보
1 ① ② ③ ④ ⑤	21 ① ② ③ ④ ⑤	41 ① ② ③ ④ ⑤	51 ① ② ③ ④ ⑤
2 ① ② ③ ④ ⑤	22 ① ② ③ ④ ⑤	42 ① ② ③ ④ ⑤	52 ① ② ③ ④ ⑤
3 ① ② ③ ④ ⑤	23 ① ② ③ ④ ⑤	43 ① ② ③ ④ ⑤	53 ① ② ③ ④ ⑤
4 ① ② ③ ④ ⑤	24 ① ② ③ ④ ⑤	44 ① ② ③ ④ ⑤	54 ① ② ③ ④ ⑤
5 ① ② ③ ④ ⑤	25 ① ② ③ ④ ⑤	45 ① ② ③ ④ ⑤	55 ① ② ③ ④ ⑤
6 ① ② ③ ④ ⑤	26 ① ② ③ ④ ⑤	46 ① ② ③ ④ ⑤	56 ① ② ③ ④ ⑤
7 ① ② ③ ④ ⑤	27 ① ② ③ ④ ⑤	47 ① ② ③ ④ ⑤	57 ① ② ③ ④ ⑤
8 ① ② ③ ④ ⑤	28 ① ② ③ ④ ⑤	48 ① ② ③ ④ ⑤	58 ① ② ③ ④ ⑤
9 ① ② ③ ④ ⑤	29 ① ② ③ ④ ⑤	49 ① ② ③ ④ ⑤	59 ① ② ③ ④ ⑤
10 ① ② ③ ④ ⑤	30 ① ② ③ ④ ⑤	50 ① ② ③ ④ ⑤	60 ① ② ③ ④ ⑤
11 ① ② ③ ④ ⑤	31 ① ② ③ ④ ⑤		61 ① ② ③ ④ ⑤
12 ① ② ③ ④ ⑤	32 ① ② ③ ④ ⑤		62 ① ② ③ ④ ⑤
13 ① ② ③ ④ ⑤	33 ① ② ③ ④ ⑤		63 ① ② ③ ④ ⑤
14 ① ② ③ ④ ⑤	34 ① ② ③ ④ ⑤		64 ① ② ③ ④ ⑤
15 ① ② ③ ④ ⑤	35 ① ② ③ ④ ⑤		65 ① ② ③ ④ ⑤
16 ① ② ③ ④ ⑤	36 ① ② ③ ④ ⑤		66 ① ② ③ ④ ⑤
17 ① ② ③ ④ ⑤	37 ① ② ③ ④ ⑤		67 ① ② ③ ④ ⑤
18 ① ② ③ ④ ⑤	38 ① ② ③ ④ ⑤		
19 ① ② ③ ④ ⑤	39 ① ② ③ ④ ⑤		
20 ① ② ③ ④ ⑤	40 ① ② ③ ④ ⑤		

🔽 결과 해석

슈퍼, 톰프슨, 린드먼, 조르단, 마이어스(Super, Thompson, Lindeman, Jordaan, & Myers, 1981)는 대학생들의 직업결정의 태도 및 인지를 평가하기 위하여 진로발달검사 (Career Development Inventory: CDI)를 개발하였다. 진로발달검사는 태도 척도와 인지 척도로 구성되어 있다. 태도 척도(진로계획(CP), 진로탐색(CE))는 개인의 직업발달에 대한 계획성과 직업탐색에 대한 의지 등을 확인할 수 있다. 인지 척도는 의사결정(DM), 직업세계정보(WW) 등을 확인할 수 있다. 이는 개인의 직업결정 원리에 대한 이해, 그 직업은 어떻게 얻을 수 있는가, 어떻게 하면 직업세계에서 성공할 수 있는가, 선호하는 직업에 대한 지식 등을 확인할 수 있다(Westbrook, Sanford, & Donnelly, 1990). 따라서 앞으로 생애계획 속에서 직업을 결정하는 능력을 이 척도를 통해 확인해 볼 수 있다. 진로발달검사의 결과는 다음과 같은 해석이 가능하다.

① 만일 태도 점수가 낮다면, 긍정적인 진로계획과 탐색 태도를 발달시킬 조력이 필요하다. 개인의 진로에 대한 탐색이나 사고의 의지가 결여되어 있는가를 확인하여야 한다.
② 만일 인지 점수가 낮다면, 직업세계에 대한 이해, 최근에 선호하는 흥미, 혹은 양자에 대한 인식을 증대하는 조력이 필요하다.
③ 만일 전체 점수가 높다면, 이들 높은 점수를 만들어 내는 긍정적인 대처 행동은 확인되어야 하고 이런 행동을 지속적으로 사용할 수 있도록 강화를 주어야 한다.
④ 만일 전체 점수가 낮다면, 심층적인 진로 지도 및 상담이 필요하다.

출처: 박성미(2005).

나의 진로발달단계 찾아보기

나의 진로발달단계를 각 이론별로 찾아보고, 어느 단계에 해당되는지 기록해 봅시다.

▶ 긴즈버그의 발달이론에서 내가 통과한 지점에 O표 해 봅시다. 설명에 나와 있는 나이와 자신의 나이가 꼭 일치하지 않을 수도 있습니다. 나이와 관계없이 자신의 발달단계를 체크해 보세요.

1) 환상적 단계　　(　　　)

2) 시험적 단계　　(　　　)
　• 흥미 단계　　(　　　)
　• 능력 단계　　(　　　)
　• 가치 단계　　(　　　)
　• 전환 단계　　(　　　)

3) 현실적 단계　　(　　　)
　• 탐색 단계　　(　　　)
　• 구체화 단계　(　　　)
　• 특수화 단계　(　　　)

▶ 슈퍼의 발달이론에서 내가 통과한 지점에 O표 해 봅시다. 설명에 나와 있는 나이와 자신의 나이가 꼭 일치하지 않을 수도 있습니다. 나이와 관계없이 자신의 발달단계를 체크해 보세요.

1) 성장기　　　　(　　　)
　• 환상기　　　(　　　)
　• 흥미기　　　(　　　)
　• 능력기　　　(　　　)

2) 탐색기　　　　(　　)

　• 잠정기　　　 (　　)

　• 전환기　　　 (　　)

　• 시행기　　　 (　　)

3) 확립기　　　　(　　)

　• 시행기　　　 (　　)

　• 승진기　　　 (　　)

4) 유지기　　　　(　　)

5) 쇠퇴기　　　　(　　)

　• 감속기　　　 (　　)

　• 은퇴기　　　 (　　)

▣ 티드먼과 오하라의 발달이론에 해당하는 나의 진로발달단계에 O표 해 봅시다. 설명에 나와 있는 나이와 자신의 나이가 꼭 일치하지 않을 수도 있습니다. 나이와 관계없이 자신의 발달단계를 체크해 보세요.

1) 예상기　　　　(　　)

　• 탐색 단계　　(　　)

　• 구체화 단계　(　　)

　• 선택 단계　　(　　)

　• 명료화 단계　(　　)

2) 실천기　　　　(　　)

　• 적응 단계　　(　　)

　• 개혁 단계　　(　　)

　• 통합 단계　　(　　)

▣ 위에서 살펴본 대표적인 진로발달이론에서 나의 위치를 찾아본 것에 근거하여 생각해 볼 때 내가 진로발달을 위해 신경 써야 할 과제는 무엇인지 기록해 봅시다.

_____

_____

내가 가진 자원 탐색하기

생/각/해/봅/시/다

▶ 다음의 항목들은 잠재능력을 발견할 수 있는 여러 가지 활동을 나열한 것입니다. 하나씩 살펴보면서 내가 잘할 수 있다고 생각하거나 즐겁게 느끼는 것에 표시해 봅시다.

편안한 인상 ( )	정보 검색하기 ( )	레크리에이션 진행하기 ( )
비평하기 ( )	설득시키기 ( )	폭넓은 대인관계 ( )
노래 부르기 ( )	악기 다루기 ( )	남들을 즐겁게 하기 ( )
캠핑 가기 ( )	영화 감상하기 ( )	센스 있는 쇼핑하기 ( )
유머/재치 ( )	체력 관리하기 ( )	새로운 물건 발명하기 ( )
성적 관리 ( )	사람 기억하기 ( )	동호회/모임 참여하기 ( )
발표하기 ( )	자격증 따기 ( )	주변 깨끗이 하기 ( )
암기하기 ( )	건강 관리하기 ( )	연극/드라마 만들기 ( )
가르치기 ( )	차량 수리하기 ( )	정기간행물/잡지책 보기 ( )
책 읽기 ( )	리더 역할하기 ( )	신문/뉴스 보기 ( )
번역하기 ( )	스포츠 즐기기 ( )	깊은 친구 만들기 ( )
기계 다루기 ( )	갈등 조정하기 ( )	예산계획 세우기 ( )
논술 쓰기 ( )	여행 정보 모으기 ( )	탐험/답사 정보 모으기 ( )
운전하기 ( )	문학작품 쓰기 ( )	패션에 관심 갖기 ( )
그림 그리기 ( )	조언/상담하기 ( )	새로운 아이디어 내기 ( )
타협하기 ( )	민첩한 손재주 ( )	프로그램 만들기 ( )
댄스 ( )	문서 정리하기 ( )	틀린 것 찾아내기 ( )
요리하기 ( )	문서 편집하기 ( )	가전제품 수리하기 ( )
계약하기 ( )	물건 포장하기 ( )	채소/나무 가꾸기 ( )
사진 찍기 ( )	돈 받아 내기 ( )	공예품 만들기 ( )
사회 보기 ( )	물건 판매하기 ( )	아이디어 내기 ( )
계산하기 ( )	건축 관련 기술 ( )	감정 다스리기 ( )
약속 지키기 ( )	계획 세우기 ( )	정리정돈하기 ( )

1. 내가 가진 자원이란

자원이라 함은 자신이 가지고 있거나 동원할 수 있는 모든 유형, 무형의 존재를 모두 통칭하는 용어다. 이것은 경제력, 외모 등과 같은 외적 또는 유형의 자원과, 지능이나 성격 같은 내적 또는 무형의 자원들로 나누어질 수 있다. 또한 국적, 성별과 같이 바꿀 수 없는 자원과 영어 점수, 학력과 같이 개선의 가능성이 있는 자원들로 나뉠 수 있다. 그러나 대개 직업에서의 자원이라 하면 그중에서도 무형의 자원, 내적인 자원, 바꿀 수 있는 자원으로서의 '직업능력(job competency)'을 의미하는 경우가 많다. 이에 따라 이 장에서도 여러 가지 자원 중 '직업능력'을 중심으로 살펴볼 것이며, 후반부에 개인의 장점 또는 강점을 통해 내적인 자원을 파악하려는 시도를 추가적으로 실시해 볼 것이다.

2. 직업능력

직업능력은 직업 전반에 필요한 능력인 공통기초능력(basic skills)과 신입사원들이 가지고 있을 것으로 기대되는 직업기초소양(employabiliy skills), 특정 직종에서 능률적인 직무수행을 위하여 필요로 하는 직종별 직무수행능력(technical skills)의 세 범주로 나눌 수 있다(배은영, 2003). 공통기초능력은 전통적으로 인문교육에서 강조하여 왔던 읽기, 쓰기, 셈하기 외에 창의력, 사고력, 의사결정능력, 문제해결능력, 학습능력 등을 의미하며, 이러한 능력을 지식으로 가지고 있을 뿐 아니라 창의적이고 실질적으로 활용, 조작할 수 있는 능력을 의미한다. 직업기초소양이란 개인이 직업에 임할 때의 태도, 적성 및 성격을 의미하는 것으로 원만한 성격, 성실함, 책임감, 신뢰성, 근로윤리 등을 기초로 한 팀워크 능력, 인간관계능력, 자기관리능력, 원만한 성격 등이 여기에 포함된다. 그런데 공통기초능력과 직업기초소양은 실제적으로는 엄격하게 구분되기가 어렵다. 또한 그 교육 역시 학교교육이나 직업기초훈련 등에서 함께 이루어져야 하는 것이다. 따라서 이 두 가지 능력을 합하여 '직업기초능력'이라는 개념으로 함께 논의하곤 한다. 마지막으로 언급되는 직무수행능력은 특정 직업에서 필요한 구체적인 기술로서 기관사가 운전을 하거나 간호사가 채혈을 하는 등의 능력을 의미한다(박성미, 2005).

직업기초능력은 '대부분의 직종에서 직무를 성공적으로 수행하는 데 공통적으로 요구되는 일정 수준 이상의 지식, 기술, 태도 등의 총체'이며, 영역 및 하위 요소는 의사소통능력, 수리능력, 문제해결능력, 자기관리 및 개발 능력, 자원활용능력, 대인관계능력, 정보능력, 기술능력, 조직이해능력 등을 말한다 (안광식, 김미영, 최완식, 2005).

최근 각국에서는 직업기초능력과 관련하여 그 구성요소들을 확인하고 측정하여 적절한 능력들을 개발하는 것을 주된 과제로 생각하고 있다. 여기에서는 미국과 한국의 경우를 살펴보도록 하겠다.

1) 미국의 직업기초능력 분류

미국에서는 자원, 인간관계, 정보, 체제, 기술의 다섯 가지로 구분하여 설명하고 있는데, 구체적으로는 다음과 같다.

(1) 자원

① 시간 관리: 목표와 관련된 적절한 행동을 취하여 중요한 순서에 따라 정렬하고 시간을 할당하며, 다음 일정을 이해하고 준비한다.

② 돈 관리: 예산안을 준비하고 사용한다. 예산안 집행을 추적하기 위해 상세한 기록을 남기며 정산서를 만든다.

③ 재료와 시설 관리: 재료, 물건, 부품, 장비, 공간, 생산품을 최대한 활용하기 위해 구입, 보관, 분배한다.

④ 인력 관리: 지식과 기술을 평가하고, 작업을 적절히 분배하며, 임무수행

을 평가하고 피드백을 제공한다.

(2) 인간관계

① 팀워크: 다른 사람과 협동적으로 일하고, 아이디어를 내거나 제안을 하는 등의 노력을 기울여 집단이 추구하는 일에 동참한다.

② 가르치기: 다른 사람이 필요로 하는 지식과 기술을 배우도록 돕는다.

③ 고객 맞기: 의뢰인, 고객의 기대를 만족시켜 줄 수 있도록 일하고 의사소통한다.

④ 지도력: 개인이나 집단을 정당화하고, 격려, 설득, 납득, 자극하거나 현존 절차, 정책, 권위를 변화시키도록 생각, 감정, 아이디어를 전한다.

⑤ 협상력: 자원을 변화시키거나 서로 다른 관점을 해소시키기 위한 동의를 얻어 낸다.

⑥ 문화적 다양성 포용: 남자와 여자, 다양한 윤리적, 사회적, 교육적 배경을 가진 사람들과 일을 잘해 나간다.

(3) 정보

① 정보 획득, 평가: 자료의 필요성을 알고, 현존 자원으로부터 자료를 수집, 창출하고 자료의 적절성과 정확성을 평가한다.

② 정보의 조직과 관리: 문서로 기록되어 있거나 컴퓨터에 저장된 정보를 체계화된 형태로 조직, 분석, 관리한다.

③ 정보의 해석과 전달: 정보를 선택, 분석하여 그 결과를 말, 글, 그래프, 그림, 멀티미디어 등을 통해 다른 이에게 전달한다.

④ 정보처리를 위한 컴퓨터 활용: 정보 수집, 조직, 분석, 전달하기 위해 컴퓨터를 활용한다.

(4) 체제

① 체제 이해: 사회, 조직, 기술 시스템이 각기 그 안에서 어떻게 효과적으

로 작용하는지 안다.

② 수행 점검과 교정: 경향을 구별하고, 시스템 작용하에서 행동의 영향을 예상하고, 조직, 시스템의 작용에서 이탈을 진단하고, 행위를 교정하기 위해 필요한 행동을 취한다.

③ 개선과 설계: 재화와 용역의 질을 개선하고 새로운 대안 시스템을 개발하기 위해 현존 시스템을 수정하도록 제안한다.

(5) 기술

① 선택: 바람직한 결과를 산출할 절차, 도구, 기계, 컴퓨터와 프로그램의 준비를 판단한다.

② 작업에의 적용: 컴퓨터와 그 프로그램을 포함하여 기계를 준비하고 작동하기 위해 적절한 절차와 전체적인 개념을 이해한다.

③ 유지, 보수: 기계, 컴퓨터, 기타 기술에서의 문제를 예방, 확인하고 해결한다.

2) 우리나라의 직업기초능력 분류

우리나라의 경우 이무근 등(1997)이 의사소통능력, 외국어 의사소통능력, 수리능력, 문제해결능력, 정보소양능력, 대인관계능력, 문화이해능력 등을 언급한 후 경제 · 경영능력, 기술활용능력, 개인적인 자질 등의 추가 가능성을 주장하였다. 현재는 정철영(1998, 2000)이 반복된 연구로 아홉 가지로 분류한 것을 많이 사용한다. 다음은 정철영(2000)이 규명한 아홉 가지 영역에 대한 설명이다.

(1) 의사소통능력

① 내용: 다른 사람이 글이나 말을 통해 표현한 본래의 의도를 정확하게 파악하고 자신의 업무에 적절히 활용할 수 있는 능력이다.

② 세부 능력: 읽기/쓰기/말하기/듣기 능력, 비언어적 표현 능력, 외국어
  읽기 능력

(2) 수리능력

① 내용: 업무를 수행할 때 사칙연산, 통계, 확률의 의미를 정확하게 이해
  하고 이를 업무에 적용하는 능력이다.
② 세부 능력: 통계/확률 능력, 사칙연산이해, 도표 해석 및 표현 능력

(3) 문제해결능력

① 내용: 업무 수행 과정에서 문제 상황이 발생하였을 경우, 창의적이고 논리
  적인 자료를 통하여 이를 올바르게 인식하고 적절히 해결하는 능력이다.
② 세부 능력: 사고력, 문제인식능력, 대안선택능력, 대안적용능력, 대안평
  가능력

(4) 자기관리 및 개발 능력

① 내용: 업무를 원활히 추진하는 데 적절한 자질을 지닐 수 있도록 스스로
  를 관리하고 개발하는 능력이다.
② 세부 능력: 자기관리능력, 경력개발능력, 직업 가치관 및 태도

(5) 대인관계능력

① 내용: 업무를 수행할 때 접촉하는 사람들과 문제를 일으키지 않고 원만
  하게 지내는 능력이다.
② 세부 능력: 협동능력, 리더십능력, 고객서비스능력, 갈등관리능력

(6) 자원활용능력

① 내용: 업무 수행에 필요한 시간, 자본, 재료, 및 시설, 인적 자원 등을 확
  인하고, 이용 가능한 자원을 수집하여, 실제 업무 수행에 어떻게 활용할

것인지를 계획하고, 업무 수행에 계획대로 할당하는 능력이다.

② 세부 능력: 자원확인능력, 자원계획능력, 자원할당능력, 자원조직능력

(7) 정보능력

① 내용: 업무와 관련된 정보를 수집, 분석, 조사, 관리하고, 업무 수행에 이
러한 정보를 활용하며, 이러한 제 과정에 컴퓨터를 사용하는 능력이다.

② 세부 능력: 정보수집능력, 정보분석능력, 정보조직능력, 정보관리능력,
정보활용능력, 컴퓨터사용능력

(8) 기술능력

① 내용: 업무를 수행할 때 필요한 기술을 이해하고, 실제 업무를 수행할
때 적절한 기술을 선택하여 적용하는 능력이다.

② 세부 능력: 기술이해능력, 기술선택능력, 기술적용능력

(9) 조직이해능력

① 내용: 업무를 원활하게 수행하기 위해 국제적인 추세를 포함하여 조직
의 체제와 경영에 대해 이해하는 능력이다.

② 세부 능력: 국제 감각·체제이해능력, 경영이해능력, 업무이해능력

3. 직무수행능력

현대적 의미의 적성은 대개 가드너(H. Gardner)의 다원적 지능이론을 통해
설명된다. 가드너(1983)는 자신의 저서 『마음의 틀(*Frames of Mind*)』(이경희 역,
1993)을 통해 지능이 일곱 가지의 구성요인으로 되어 있음을 제시하였다. 즉,
언어적 지능, 음악적 지능, 논리-수학적 지능, 공간적 지능, 신체-운동적 지
능, 대인관계 지능, 개인이해 지능으로 소개하였다. 이는 그가 요인분석이라

는 방법으로 산출되었다고 밝힌 일곱 가지 지능이다. 가드너는 이후에 자연 지능과 실존 지능을 소개하였지만, 실존 지능 또는 영적 지능은 특정한 종교 지도자들에게서 두드러질 수 있는 능력이며 아동기에는 거의 나타나지 않는 다고 하였다. 따라서 대부분의 연구나 측정도구에서는 7~8개의 구성요인만 이 활용된다고 볼 수 있다(김현자, 2005).

이와 같이 가드너는 광범위한 인간의 능력을 여덟 가지 지능으로 묶어서 소 개하였으며, 이들 다중지능에 대해 구체적으로 살펴보면 다음과 같다.

1) 음악적 지능

음악적 지능(musical intelligence)은 음악적인 표현을 지각, 변별하거나 변형 하고 표현하는 능력을 말하며 여기에는 리듬, 음조, 멜로디 등에 대한 민감성 이 포함된다. 즉, 음악적인 기억력, 음악적인 창의성과 청각력이 주요한 요소 가 된다. 사람에 따라서는 음악을 포괄적으로 이해할 수도 있고 부분적 혹은 분석적으로 음악의 구조를 이해할 수도 있다. 이러한 능력은 음악 비평가, 작 곡가, 연주가 등을 통해 발휘될 수 있다. 노래 부르기, 악기 연주하기, 녹음하 기, 지휘하기, 작곡하기, 즉흥 연주하기, 편곡하기, 각색하기, 듣기, 음을 구별 하기, 조율하기, 관현악 작곡하기, 음악 분석하기, 음악 비평하기 등의 직무수 행에 필요한 지능이라 하겠다.

2) 신체-운동적 지능

신체-운동적 지능(bodily-kinesthetic intelligence)은 자신의 신체를 통해 어떤 생각이나 감정을 표현하는 능력과, 문제해결 혹은 상황의 요구에 따라 신체의 일부를 사용하여 사물을 만들거나 변형시키는 능력을 말한다. 여기에는 신체 의 기능적인 능력이라 할 수 있는 신속함, 손재주, 균형 및 조정 등을 포함한다. 사람에 따라서는 자신의 동작을 통제하고 조절하여 창조적인 결과를 만들어 내거나 신체 전반에 대한 인식을 통해 모방하는 능력이 뛰어난 경우가 있다. 이러한 능력은 운동선수, 무용가 또는 기술자 등을 통해 발휘될 수 있다. 물건 분류하기, 균형 잡기, 들어 올리기, 옮기기, 걷기, 달리기, 도자기 만들기, 복구하기, 깨끗이 하기, 싣기, 배달하기, 제작하기, 수리하기, 조합하기, 설치하기, 조작하기, 적응하기, 노래 부르기, 흉내 내기, 연기하기, 본뜨기, 춤추기, 운동하기, 실외활동 조직하기, 여행하기 등의 직무수행에 필요한 지능이라 하겠다.

3) 논리-수학적 지능

논리-수학적 지능(logical-mathematical intelligence)은 숫자를 효과적으로 사용하고 논리적으로 추론해 나가는 능력을 말한다. 여기에는 논리적 관계 범주화나 분류, 추리, 계산 등에서의 순발력이 포함된다. 사람에 따라서는 귀납적 혹은 연역적 추리 능력이 뛰어나거나 복잡한 계산 혹은 문제를 신속하게 해결해 내는 경우가 있다. 이러한 능력은 과학자, 컴퓨터 프로그래머, 수학자 등을 통해 발휘될 수 있다. 예산 세우기, 융자하기, 경제 조사하기, 가설 세우기, 평가하기, 회계 계산하기, 셈하기, 통계자료 이용하기, 추리하기, 분석하기, 체계화하기, 분류하기, 계열화하기 등의 직무수행에 필요한 지능이라 하겠다.

4) 공간적 지능

공간적 지능(spatial intelligence)은 시각적·공간적 세계를 정확하게 지각하는 능력을 말한다. 여기에는 색깔, 선이나 형태 등 또는 이들 관계에 대한 민감성이 포함된다. 사람에 따라서는 낯선 길에서도 잘 찾아가거나 시각적인 기억능력이 뛰어나서 사물이나 공간을 잘 묘사해 내고 형태를 바꾸어 내는 경우가 있다. 이러한 능력은 건축가나 화가, 조종사 등을 통해 발휘될 수 있다. 그리기, 칠하기, 시각화하기, 시각적 표현 창조하기, 설계하기, 상상하기, 창안하기, 묘사하기, 색칠하기, 도자기 만들기, 그래프 그리기, 지도 그리기, 사진 찍기, 장식하기, 필름 현상하기 등의 직무수행에 필요한 지능이라 하겠다.

5) 언어적 지능

언어적 지능(linguistic intelligence)은 음성언어나 문자언어를 통해 효과적으로 의사소통을 하는 능력을 말한다. 여기에는 언어의 구조, 소리, 의미와 언어의 실용적인 활용 등이 포함된다. 사람에 따라서는 말이나 글을 통해 자신의 생각이나 느낌을 잘 표현하는 경우, 탁월한 언어적 기억력이 있거나 다른 사람을 잘 설득 또는 감동시킬 수 있는 경우가 있다. 이러한 능력은 소설가, 변호인, 방송인 등을 통해 발휘될 수 있다. 말하기, 통보하기, 지시하기, 작문하기, 언어화하기, 외국어 구사하기, 해석하기, 번역하기, 가르치기, 강의하기, 토론하기, 논쟁하기, 듣기, 베껴 쓰기, 교정하기, 편지하기, 단어 처리하기, 정리하기, 보고하기 등의 직무수행에 필요한 지능이라 하겠다.

6) 대인관계 지능

인간친화 지능(문용린, 김주현, 2004)이라고도 불리는 대인관계 지능(interpersonal intelligence)은 다른 사람들을 향하는 지능으로, 각 개인의 기분이나 동기, 감정 등을 지각하고 구분하며 이에 적절하게 대응하는 능력을 말한다. 여기에는 얼굴 표정, 목소리, 몸짓 등 상대방의 다양한 표현에 대한 민감성이 포함된다. 사람에 따라서는 남을 잘 이해하고 대인관계를 잘 이끌어가며, 다른 사람과의 관계를 통해 일을 잘 성취해 나가는 경우가 있다. 이러한 능력은 정치지도자나 교사, 상담사, 판매원 등을 통해 발휘될 수 있다. 봉사하기, 손님 맞기, 의사소통하기, 감정이입하기, 거래하기, 가르치기, 코치하기, 상담하기, 조언하기, 타인 평가하기, 설득하기, 동기 유발하기, 물건 팔기, 모집하기, 고취시키기, 광고하기, 격려하기, 감독하기, 조화시키기, 위임하기, 협상하기, 중재하기, 협동하기, 맞닥뜨리기, 면접하기 등의 직무수행에 필요한 지능이라 하겠다.

7) 개인이해 지능

개인이해 지능(intrapersonalintelligence)은 자성지능 혹은 자기성찰지능(문용린 역, 2004)이라고도 불리며, 자신의 감정을 느끼고 그 범위와 종류를 구분하며 자신과 관련된 문제를 잘 해결해 내는 능력을 말한다. 여기에는 자신의 감정이나 애정의 범위가 핵심이며, 자신의 동기, 기질, 욕구 등에 대한 이해능력뿐만 아니라, 자기통제와 자기관리능력과 자존감을 유지하려는 의지와 능력이 포함된다(Armstrong, 1994). 사람에 따라서는 자신의 장단점을 잘 알고 자신의 신념에 따라 정확하고 진지한 삶의 목표를 세워 잘 수행하는 경우도 있고, 자신의 감정과 생각을 구별하여 환경 또는 상황으로부터 잘 대처해 나가는 경우도 있다. 이러한 능력은 종교인, 심리학자 등을 통해 발휘될 수 있다. 가드너는 대인관계 지능과 개인이해 지능을 묶어서 인성 지능(personal intelligence), 즉 인성 지능 또는 개인적 지능이라고 부른다. 결정 실행하기, 혼자 일하기, 자기 통제, 목적 설정하기, 목표 달성하기, 시작하기, 평가하기, 감정하기, 계획 세우기, 조직하기, 기회 붙잡기, 내면 들여다보기, 자기 이해하기 등의 직무수행에 필요한 지능이라 하겠다.

8) 자연 지능

자연 지능(naturalist intelligence)은 자연친화 지능(문용린 역, 2004)이라고도 불리며, 식물이나 동물과 같은 자연세계 또는 주변 환경에 대해 많은 관심을 갖고 관찰하고 생물체의 유형을 인지하는 능력을 말한다. 사람에 따라서는 생물의 종류를 구분하여 분류하고 동물과의 상호작용을 시도하며 다루기에 곧 익숙해지는 경우가 있다. 이러한 능력은 동식물 연구가나 조경사 등을 통해 발휘될 수 있다.

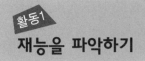

활동1
재능을 파악하기

▶ 내가 생각하는 내가 가진 재능을 모두 기록해 봅시다. 남들 보기에 특출하지 않더라도 스스로 나의 여러 가지 기술 중에서 가장 뛰어나다고 생각하는 부분을 기록할 수 있습니다.

_____

_____

_____

_____

▶ 재능 방패 그리기: 위에서 적은 여러 가지의 재능 중에서 앞으로 살면서 나를 보호해 주고 지켜 줄 재능 네 가지를 찾아서 아래의 방패 속에 기록해 보세요.

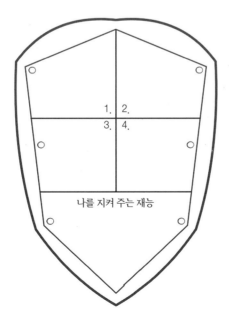

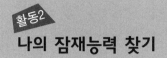 

활동2
나의 잠재능력 찾기

☑ 다음에 나열한 능력과 기술들을 자신이 얼마나 가지고 있는지 스스로 평가해 보세요. 1~12번의 능력이나 기술 각각을 많이 가졌다고 생각하면 '3', 보통 정도라고 생각하면 '2', 거의 없다고 생각하면 '1'에 표시합니다. 표시한 후 두 문항씩의 점수를 합하여 총점란에 적어 봅시다.

능력, 기술	1	2	3	총점	약어
1. 기계를 다루는 기술					R
2. 손으로 하는 기술					
3. 과학적인 능력					I
4. 계산능력					
5. 예술적 재능					A
6. 음악적 재능					
7. 가르치는 능력					S
8. 다른 사람 이해하기					
9. 영업능력					E
10. 경영능력					
11. 서기능력					C
12. 일반 사무능력					

☑ 약어인 R, I, A, S, E, C는 5장에서 소개한 홀랜드의 진로 적성 유형을 말합니다. 자신의 능력과 적성이 일치하는지 살펴보고, 5장에서 적성 유형을 통해 생각해 놓은 직업이 있다면, 그와 관련하여 자신이 발달시켜야 할 능력은 어떤 것들인지 구체적으로 적어 봅시다.

_____, _____, _____

_____, _____, _____

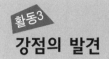

강점의 발견

▶ 다음 강점의 목록은 갤럽에서 200만 명으로부터 조사한 강점들을 정리한 것입니다. 각 사람에게서 5개씩의 강점을 찾고 개발할 수 있다고 합니다. 이러한 강점은 자신의 재능(무의식적인 이끌림)과 지식(사실, 경험을 통해 습득한 정확한 지식)과 기술(경험적 지식 및 재능을 체계적으로 만들고 익히는 것)에 따라 형성됩니다. 각 목록을 살펴보고 자신에게 있다고 생각하는 목록에 대해 앞의 괄호에 √ 해 보세요.

( ) 개발자(developer): 잠재력, 가능성에 초점. 남을 돕는 성격임

( ) 개인화(individualization): 개인들 사이의 특수성과 고유성을 파악함

( ) 경쟁(competition): 비교 대상이 필요하고 이기는 것을 즐김

( ) 공감(empathy): 찬반을 떠나 상대방을 본능적으로 이해함

( ) 공평(fairness): 균형을 중요시하여 평등한 적용을 지킴

( ) 관계자(relator): 친한 친구들에게서 많은 기쁨과 힘을 얻음

( ) 긍정성(positivity): 칭찬에 관대함. 잘 웃고 항상 긍정적임

( ) 매력(woo): 다른 사람들이 자기를 좋아하게 만듦

( ) 맥락(context): 시작을 궁금해하며, 구조 파악을 좋아함

( ) 명령(command): 주로 일을 지휘함. 대립을 두려워하지 않음

( ) 미래지향(futuristic): 수평선 너머의 미래의 비전을 좋아함

( ) 복구자(restorative): 문제해결하기를 좋아함

( ) 분석가(analytical): 논리적이고 엄격하며 객관적이고 중립적임

( ) 사고(intellection): 정신활동을 좋아하며 내성적임

( ) 성취자(achiever): 끝없이 성취에 대한 필요를 느낌

( ) 신념(belief): 책임, 도덕성 등의 기본적 가치를 중요시함

( ) 신중함(deliberative): 자제력을 갖는 진지한 사람

( ) 연결성(connectedness): 사려 깊고 배려할 줄 알며 수용적임

( ) 의사소통(communication): 설명, 묘사, 말하기, 글쓰기를 좋아함

( ) 자기확신(self-assurance): 능력뿐만 아니라 판단에도 믿음을 가짐

(　　) 적응력(adaptability): 상황에 맞는 유연한 대처능력을 갖고 있음

(　　) 전략(strategy): 앞으로 나아갈 수 있는 최선의 길을 찾음

(　　) 조정자(arranger): 실용적인 유연성의 완벽한 표본임

(　　) 조화(harmony): 의견표현을 자제하고 합의와 지지를 구함

(　　) 중요성(significance): 인정받기를 원하는 성품

(　　) 질서(discipline): 질서정연하고 계획된 삶을 좋아함

(　　) 착상(ideation): 창조적인 생각을 함으로써 즐거움을 느낌

(　　) 책임(responsibility): 모든 일이 끝날 때까지 의무감을 느낌

(　　) 초점(focus): 구체적이고 측정 가능한 목표를 설정함

(　　) 최상주의자(maximizer): 강점을 최상의 것으로 만들고 싶어 함

(　　) 탐구심(input): 물건을 수집하여 유용성을 지속시킴

(　　) 포괄성(inclusiveness): 모두가 하나라는 생각. 본능적으로 수용적임

(　　) 학습자(learner): 내용이나 결과보다도 과정이 더 흥미로움

(　　) 행동주의자(activator): 실제 일을 통해 평가받기를 좋아함

제**8**장

진로장벽

생/각/해/봅/시/다

▣ 여러분이 초등학교 시절 꿈, 미래, 직업이라는 것을 처음 알았을 때 생각했던 직업은 무엇인가요?

_____

▣ 현재 진학한 학과는 여러분이 어렸을 때부터 원하던 것이었나요? 많은 경우 우리는 어렸을 때의 꿈을 그대로 유지하기보다 이런저런 이유로 꿈이 바뀌게 됩니다. 혹시 꼭 하고 싶었지만 이런저런 이유로 포기한 꿈이 있다면 무엇인지 적어 봅시다.

〈하고 싶은 일〉

〈그 이유〉

1. 진로선택에 영향을 미치는 요인

1) 부모의 영향

베르츠(Werts, 1968)는 부모는 청소년기 자녀의 직업선택에 여러 가지 방법으로 영향을 미친다고 이야기하였다. 예를 들어, 직접적으로 부모의 직업을 물려받기를 강요하거나 자신의 직업기술을 가르침으로써 자녀가 자신의 직업을 계승하도록 요구하기도 한다. 또한 부모는 어렸을 때부터 자녀의 흥미나 활동을 제한하거나 장려하는 등의 영향을 미친다. 간접적으로는 자녀가 선택할 직업의 범위를 정해 주고 그 범위 내의 직업을 선택하도록 유도한다.

마리니(Marini, 1978)는 청년의 직업에 대한 포부는 자녀가 직업에서 얼마나 성공하기를 원하는가 하는 부모의 성취동기와 관계가 있다고 하였으며, 지능이나 사회경제적 지위가 같을 경우 부모의 포부 수준이 높을수록 자녀의 포부 수준도 높다고 하였다.

하지만 부모가 자녀에게 직업에 대한 역할모델 노릇을 제대로 못했거나 자신들이 이루지 못했던 것을 자녀의 능력이나 적성, 흥미와는 무관하게 자녀에게 기대함으로써 자녀에게 지나친 부담을 안겨 줄 수도 있다.

2) 사회계층

리만(Lemann, 1986)은 사회적, 경제적 지위는 청년들의 직업에 대한 지식과 이해에 영향을 미친다고 보았다. 중류계층의 부모는 하류계층의 부모보다 직업에 관한 지식의 폭과 범위가 넓다. 따라서 자녀에게 해 줄 수 있는 조언의 폭도 넓을 수 있다. 하류계층의 청년은 직업에 관한 지식과 이해에 도움이 되는 정보가 적으므로 선택의 범위가 좁다. 따라서 아버지의 직업 수준이 자녀들의 직업선택에 영향을 미치는데, 대부분의 청년들은 부모의 직업과 비슷하거나 좀 더 높은 수준의 직업을 갖기를 희망한다. 또한 사회계층은 학업성취와도 관계가 있으며 학업성취에 따라 선택하는 직업의 종류가 다르다.

3) 지능, 적성, 흥미

개인의 지능, 적성, 흥미 등의 요인은 여러 가지 사회화 요인들과의 상호작용에 영향을 미치지만 그 자체도 진로결정의 주요 요인이 된다.

지적 능력은 직업선택에 여러 가지로 영향을 미친다. 딜리(Dilley, 1965)는 지능이 개인의 의사결정능력과 관계가 있다고 보았다. 지능이 높은 청년은 직업선택 시에 자신의 능력, 흥미, 특정 직업을 위한 훈련을 받을 기회 등을 고려한다. 반면 지능이 낮은 청년은 비현실적이며 자신의 흥미, 능력보다는 단순히 멋져 보이는 직업을 택하거나 부모 혹은 또래의 영향을 많이 받는다. 피쿠와 커리(Picou & Curry, 1973)는 지능이 포부 수준과도 관계가 있으며 지능이 높은 사람이 포부 수준도 높다고 보았다. 샌본과 왓슨(Sanborn & Wasson, 1965)은 지능은 선택한 직업에서의 성공 여부와도 관계가 있다고 보았다.

직종에 따라 요구되는 적성과 능력은 다르다. 흥미는 직업선택에 영향을 미치는 또 하나의 중요한 요인이다. 자신의 직업에 흥미가 크면 클수록 그 분야에서 성공할 확률이 높다. 그러나 어떤 분야에서 성공하기 위해서는 흥미와 관련지어 지능, 능력, 기회, 그 외 다른 요인들이 고려되어야 한다.

2. 진로장벽

앞서 언급된 여러 가지 진로에 영향을 미치는 요인들은 긍정적인 영향을 미치는 경우만 있는 것이 아니고, 부정적인 영향을 미치기도 한다. 예를 들면, 중요한 타인(significant others)인 부모가 자신의 결정을 지지할 경우는 자원이 될 수 있지만, 자신의 결정과 부모의 결정이 다르고 그 의견이 강한 경우는 진로를 결정하는 데 커다란 장벽으로 작용할 수도 있는 것이다. 진로장벽은 이렇게 진로의 결정 및 선택 과정을 방해하는 요인을 말하는 것으로, 초기 연구에서는 '방해조건(thwarting condition)' '장벽(barriers)' '지각된 장벽(perceived barriers)' '진로와 관련된 장벽(career-related barriers)' 등의 여러 명칭이 있었으나 현재는 진로장벽(career barriers)이라는 말로 통일되고 있다.

진로장벽의 초기 분류는 내적 장벽과 외적 장벽의 구분인데, 내적 장벽은 심리적인 측면의 장애들이며, 외적 장벽은 주로 환경에서 발견될 수 있는 장벽들이다. 이러한 장벽들은 진로선택, 취업, 직장생활 등의 여러 측면에서 발생할 수 있으며, 직장생활을 해 나가거나 가정생활과 직장생활을 조화롭게 하고자 할 경우에도 발생할 수 있다. 이와 같이 진로장벽은 진로와 관련된 여러 경험들, 예를 들어 취업, 진학, 승진, 직업의 지속, 가사와 직장생활의 병행, 직무행동 등을 수행해 나가는 과정에서 개인의 진로선택, 목표, 동기 등에 영향을 미치거나 역할행동을 방해할 것으로 지각되는 여러 부정적인 사건이나 사태를 통칭한다.

진로장벽을 분류하려는 연구들에서는 다양한 장벽의 존재 가능성에 대해 이야기한다. 초기 연구들은 대부분 진로장애를 내적인 장애와 외적인 장애의 두 유형으로 구분하여 시작되었다. 크라이츠(Crites)는 직장에서의 적응을 어렵게 하는 '방해하는 조건들(thwarting condition)'을 진로장벽으로 기술하면서, 자아개념, 성취동기와 같은 내적 갈등과, 작업장이나 임금에서의 차별 같은 외적 좌절의 이분법적 분류로 구별했다. 오리리(O'Leary)는 여성들의 진로발달에 나타나는 내적 장벽 여섯 가지와 외적 장벽 네 가지를 가정하였다. 실패에 대한 두려움, 낮은 자존감, 역할갈등, 성공에 대한 두려움, 승진에 따른 지각된 결과들, 결과 기대와 관련된 유인가는 내적 장벽으로, 성역할에 대한 사회적 고정관념, 관리직 여성에 대한 태도, 여성의 능력에 대한 태도, 남성관리 모델의 보편화는 외적 장벽으로 구분하였다. 파머(Farmer)는 여성의 진로성취에 대한 내적 장벽 일곱 가지와 세 가지의 환경적 장벽으로 나누었으며, 하몬(Harmon) 또한 진로장벽을 심리적 장벽과 사회적 장벽으로 구분함으로써 진

로장벽을 이분화하여 설명하고자 하였다. 이와 같은 이분법적 분류는 직관적
으로 이해되고 수용되지만(Swanson & Woitke, 1997), 지나치게 상식적이고 일
반론적인 구분이 될 수 있고 개인이 지각할 수 있는 진로장벽의 전체 영역을
너무 단순하게 구분하고 있다. 스완슨과 토카(Swanson & Tokar, 1991)는 태도
장벽, 사회적/대인적 장벽, 상호작용적 장벽의 삼분법적 분류로 진로장벽을
구분하였다. 태도 장벽은 주로 전공의 선택이나 학위 취득 시에 지각되는 것
으로, 내적인 자아개념, 흥미, 직업에 대한 태도로 정의되었다. 사회적/대인적
장벽은 진로와 가사활동의 조화 시에 지각되는 것으로 가족, 미래의 결혼, 가
족계획 등을 포함하였다. 상호작용적 장벽은 처음 직장을 구할 때 지각되는
장벽으로, 인구학적 특성(성, 연령, 인종)과 관련된 어려움, 직업에 대한 준비
(교육과 경험), 직업 환경에 대한 준비 등으로 정의되었다. 이후 이분법적, 삼분
법적인 인위적 구분에서 벗어나 실제 현장이나 생활 장면에서 지각되는 진로
장애를 조사하여 유목화하려는 다원적인 분류체계가 시도되었다. 스완슨과
토카(1991)는 진로장벽검사(Career Barriers Inventory: CBI)를 개발하였다. CBI
는 18개의 하위척도(성차별, 자신감이나 능력 또는 흥미의 부족, 중다역할 갈등, 자
녀의 존재, 연령차별, 인종차별, 성역할 갈등, 부적절한 경험이나 훈련, 의미 있는 타
인으로부터의 불인정, 미래의 생활방식에 대한 불확실성, 미결정이나 정보의 부족,
진로에 대한 불만족이나 재배치에 대한 욕구, 직업을 찾는 방법에 대한 불확실성, 과
잉자격, 결혼/자녀 계획에 대한 불확실성, 배우자의 지지 부족, 비전통적인 분야 선택
에 대한 반대, 신체적 장애)로 시작되었으나 개정판을 거쳐 13개의 하위척도로
구분되었다. 하위척도는 성차별, 자신감 부족, 여러 가지 역할들의 갈등, 자녀
와 진로 간의 갈등, 인종차별, 부적절한 준비, 비전통적 진로선택에 대한 반대,
의사결정의 어려움, 진로에 대한 불만, 노동시장의 제약, 중요한 타인들의 반
대, 신체장애 및 건강상의 문제, 관계망 만들기/사회화의 어려움이다. 루초와
허치슨(Luzzo & Hutcheson, 1996)의 연구에서는 학업 기술 장벽, 재정 장벽, 가
족 관련 장벽, 인종차별 장벽, 연령차별 장벽, 성차별 장벽이 진로장벽으로 나
타났다. 국내 연구에서는 다원적인 분류체계를 따르고 있는데, 손은령(2001)

은 차별, 직장생활에 필요한 개인 특성의 부족, 다중역할에 따른 갈등, 미결
정 및 직업 준비 부족, 노동시장 및 관습의 제약, 기대보다 늦은 직업 전망,
여성 취업에 대한 고정관념의 7개로 여대생의 진로장벽을 구분하였다. 김은
영(2001)은 대인관계 어려움, 자기 명확성 부족, 경제적 어려움, 중요한 타인
과의 갈등, 직업 정보 부족, 나이문제, 신체적 열등감, 흥미 부족, 미래 불안
의 아홉 가지 하위 요인으로 진로장벽을 구분하였다.

　진로장벽이 많이 지각되면 진로를 결정하는 것에 어려움을 느끼고, 스스로
결정할 수 있다는 자신감, 통제감, 효능감 등이 약화되기 때문에 전통적인 직
업을 선택할 가능성이 더 높아지게 되고, 여성의 경우는 진로를 결정하지 못
하고 시간을 보내는 경우가 많아진다. 따라서 진로장벽이 지각될 경우는 그것
을 어떻게 해결할지에 대해 관심을 가지고 그 갈등으로부터 빨리 벗어나는 것
이 필요하겠다.

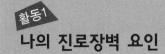

활동1
나의 진로장벽 요인

▣ 다음은 진로장벽이 될 수 있는 여러 가지 항목들입니다. 다음의 항목 중에 내가 진로를 결정할 때 어려움이 될 것으로 생각되는 항목이 있다면 표시를 하고 구체적으로 어떤 내용인지를 적어 보도록 합시다.

성차별 (　　) : _____

자신감, 능력 또는 흥미의 부족 (　　) : _____

중다역할 갈등 (　　) : _____

자녀의 존재 (　　) : _____

연령차별 (　　) : _____

인종차별 (　　) : _____

성역할 갈등 (　　) : _____

부적절한 경험이나 훈련 (　　) : _____

의미 있는 타인으로부터의 불인정 (　　) : _____

미래의 생활방식에 대한 불확실성 (　　) : _____

미결정이나 정보의 부족 (　　) : _____

진로에 대한 불만족 (　　) : _____

재배치에 대한 욕구 (　　) : _____

직업을 찾는 방법에 대한 불확실성 (　　) : _____

과잉자격 (　　) : _____

결혼/자녀 계획에 대한 불확실성 (　　) : _____

배우자의 지지 부족 (　　) : _____

비전통적인 분야 선택에 대한 반대 (　　) : _____

신체적 장애 (　　) : _____

 활동2
진로장벽 검사

↘ 다음은 진로장벽의 여러 영역들을 보다 자세하게 파악해 보기 위해 제작된 진로장벽검사 (Swanson & Daniels, 1995, 황매향, 이아라, 박은혜, 2005에서 재인용) 문항의 일부를 소개한 것입니다. 각 문항을 읽고 자신에게 해당하는 부분에 체크하고 어떤 유형의 진로장벽이 자신에게 중요한 문제가 될지, 또 다른 장벽은 없을지 생각해 봅시다.

▶ 자기이해 부족
1. 나는 내가 어떤 일을 잘할 수 있는지 모르겠다.
2. 나는 나를 잘 몰라서 앞으로 무엇을 해야 할지 모르겠다.
3. 나는 나에게 중요한 것이 무엇인지 모르겠다.
4. 나는 내가 어떤 일을 좋아하는지 모르겠다.

▶ 자신감 부족
1. 나는 무엇을 하든 자신감이 부족하다.
2. 나는 끈기가 부족해서 내가 이루고 싶은 꿈을 이루기 어려울 것이다.
3. 나는 수학을 못해서 내가 원하는 직업을 가질 수 없을 것이다.
4. TV와 컴퓨터 등 주위 유혹을 이기지 못해서 미래가 걱정된다.

▶ 성역할 갈등 및 성차별
〈 남 〉
1. 나는 남자이기 때문에 남들이 알아주는 직업을 가져야 한다.
2. 나는 남자이기 때문에 가족을 위해 돈을 잘 버는 직업을 선택해야 한다.
3. 나는 남자이기 때문에 직장에서 성공해야 한다.
4. 나는 남자라서 여자보다 일을 더 많이 해야 한다.
〈 여 〉
1. 나는 결혼을 하면 직업을 갖지 않을 것이다.
2. 내가 원하는 직업은 자고로 남자들이 하는 직업이라서 걱정이다.
3. 나의 행복은 내 능력보다도 미래의 남편의 능력에 따라 달라질 것이다.
4. 나는 여자라서 너무 많이 공부할 필요는 없다.

▶ 중요한 타인과의 갈등

1. 나는 남자친구가 내가 선택한 직업을 좋아하지 않을까 봐 걱정이 된다.

2. 앞으로 내 직업선택은 부모님의 반대나 참견으로부터 영향을 많이 받을 것이다.

3. 부모님이나 집안의 기대 때문에 내가 하고 싶은 일은 하지 못할 것이다.

4. 부모님이나 주변 사람들이 나에게 거는 기대가 너무 높아 부담스럽다.

제**9**장

직업선택의 방법

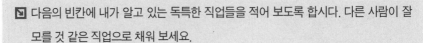

생 / 각 / 해 / 봅 / 시 / 다

↘ 다음의 빈칸에 내가 알고 있는 독특한 직업들을 적어 보도록 합시다. 다른 사람이 잘 모를 것 같은 직업으로 채워 보세요.

↘ 거꾸로 빙고: 이제 주변 사람(조원)과 함께 돌아가면서 직업을 하나씩 이야기합니다. 자기가 부른 직업을 빗금으로 지우고 다른 사람이 부른 직업 중 자신의 목록에 있는 직업도 빗금으로 지웁니다. 한 사람이 다섯 개 정도를 부를 때까지 순환한 후 남아 있는 칸 중 가로, 세로, 대각선으로 모두 남아 있는 칸들을 이어 선을 긋습니다. 선의 개수가 가장 많이 남아 있는 사람이 일등이 됩니다.

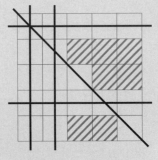

예) 5개의 선: 5점

1. 직업을 탐색하기 위하여

'제3의 물결'로 유명한 앨빈 토플러(Alvin Toffler)는 세계가 산업사회에서 정보사회로 넘어가게 되면서 노동직의 블루컬러와 사무직의 화이트컬러 외에, 정보를 다루는 골드컬러가 앞으로 부가가치가 높은 직업으로 가장 중요한 역할을 할 것이라고 예측했고, 21세기에 접어든 지금에서는 그의 예측이 매우 정확했다는 증거가 드러나고 있다. 현재는 넘쳐 나는 정보 속에서 내가 필요로 하는 양질의 정보를 신속하게 파악하는 능력이 대학생의 핵심 능력 중 하나이기도 하다. 이 장에서는 직업을 탐색하기 위한 다양한 방법들에 대해 알아보도록 하겠다.

2. 사람을 활용하기

현대사회에는 다양한 별명이 있다. 앞서 이야기한 정보의 사회이기도 하고, 속도의 사회이기도 하고, 전산화된 사회이기도 하다. 그중에서도 빼놓을 수 없는 것이 '네트워크'로 이어진 사회라는 것이다. 네트워크라 하면 인터넷 망을 떠올리는 사람도 있겠지만, 여기에서 이야기하는 네트워크는 인적 자원을 이야기하는 것이다. 사실 가장 아날로그적인 방법이기도 하고 가장 오래된 방법이기도 하지만, 사람이 살아가는 이야기는 사람이 가장 잘 알기 마련이다. 따라서 직업을 탐색하기 위해서도 가장 정확하고 중요한 자원, 지름길을 제공해 줄 수 있는 자원은 주변의 사람이다.

직업탐색을 위해 가장 먼저 상의하고 정보를 얻을 수 있는 자원은 학과 교수 또는 지도교수다. 학교의 형편에 따라 교수와 학생의 관계가 가까운 곳도 있고 다소 소원한 곳도 있겠지만, 대체적으로 학생이 진로에 대해 고민을 하고 적극적으로 알아보는 것에 대해 좌절을 주고자 하는 교수는 없을 것이다. 단지 너무 어려워서, 내가 너무 몰라서 간단한 것을 여쭤 보느라 폐를 끼치는 것이 두려워 찾아가거나 질문하지 못하는 '소심한' 학생들은 꽤 많다. 그러나 대학에서 전문성을 키워서 졸업을 하고자 한다면 그 전문성을 먼저 취득하고 먼저 그 길을 간 사람을 만나는 것이 가장 우선적이고, 대학에서는 교수가 그 역할을 해 줄 수 있다. 그런데 같은 학과일지라도 대학의 교수는 그 전공에 따라 매우 상이한 경험을 한 후 학교에 부임하고 있을 가능성이 있다. 따라서 학교 홈페이지나 학과 사무실 등을 통해 찾아가고자 하는 교수의 세부 전공이나 경력 등을 살펴보고 자신이 생각하고 있는 직업과 비슷한 전공을 한 교수를 찾아가면 보다 쉽게 정보를 얻을 수 있다. 또한 대학에 재직하는 중견 이상의 교수는 넓은 인맥을 통해 내가 원하는 분야에 대한 정보를 알아봐 주거나 경험을 통해 파악한 그 분야의 상대적 위치 등에 대한 정보를 잘 알고 있는 경우가 많은 반면, 젊은 교수나 시간강의를 하는 강사급의 교수들은 실제적인 최근의 상황에 밝고 취업 및 근무 조건 등의 실질적인 정보를 많이 아는 경향이 있다.

부모님과는 이미 대학입학 전부터 상의를 해 오는 것이 일반적이므로 자세한 설명은 생략하겠다. 단, 대학 이후 부모님과의 상의에서는 정확한 정보를 제공하고 판단을 부탁드리는 것이 자신이 원하는 방향대로 정보를 선별해서 제공하고 부모님의 의견을 조절하려고 하는 것보다 삶의 지혜를 얻는 면에서 나을 것이다.

대학에서는 선배들을 통해 정보를 얻는 것도 매우 중요하다. 대개 학과 행사나 동아리를 통해 선배들과의 관계를 맺는데, 저학년은 고학년에게 정보를 얻을 수 있고, 고학년은 저학년 때 관계를 맺었다가 이제 취업한 선배로부터 정보를 얻을 수 있다. 예비역인 고학년 선배들은 동기들이 취업해 있고 경험을 통한 지식도 상대적으로 풍부하다. 또한 대학원을 다니고 있는 선배가 있다면 보다 다양하고 정확한 상황들에 대한 정보를 학생의 입장에서 얻을 수 있을 것이다. 학점을 높이는 것과 영어 성적을 높이는 것, 전산능력을 갖추는 것 등이 물론 중요하지만 정보의 업데이트를 통해 꿈을 구체화하고 중간 목표를 정확하게 세우는 것은 자신의 비전을 이루어 나가는 데 매우 효율적인 일이다.

사람을 통한 다른 방법으로는 자기가 원하는 분야의 성공한 사람에게 메일을 보내거나 책을 읽고 난 후 저자에게 연락을 하는 방법, 인터뷰를 읽은 후 그 내용과 관련하여 연락을 하는 방법 등이 있다. 같은 분야의 성공한 사람과의 만남은 시행착오나 좌절의 횟수를 현저하게 줄여 주는 효과가 있다. 또한 대개의 성공한 사람들은 자신과 비슷한 길을 걷고자 하는 후배에 대해 기특함과 애정을 갖고 있는 경우가 많다. 그러므로 자신에게 영향을 주는 사람, 자신의 가슴을 뛰게 하는 사람을 발견한다면, 그 열정으로 연락을 시도하고 기회가 된다면 찾아가거나 약속을 잡아 인터뷰를 해 볼 것을 적극 추천한다.

3. 기관, 책자를 활용하기

최근에는 대개의 대학에 '취업정보센터' 또는 그와 유사한 이름의 취업을 지원해 주는 기관이 있다. 대학의 취업정보센터에는 우수한 대학생을 구하려는 기업 및 취업처로부터 많은 의뢰가 들어온다. 고학년이라면 이미 취업과 관련해 여러 가지 궁금증이 있겠지만, 저학년의 경우는 내가 무엇을 궁금해해야 하는지 그 자체를 모르는 것이 직업선택에서의 근본적인 어려움이다. 취업정보센터의 담당자와 상담을 하고 자신의 진로발달단계에 맞는 문제들을 해결해 나가는 것이 필요하다. 대개 방학 전후하여 대학생 취업 캠프를 비롯한 청년층 직업지도 프로그램들이 마련되어서 진로를 설정하고 직업 정보를 얻을 수 있도록 집중적인 훈련을 제공하기도 한다. 취업정보센터에서 얻을 또 하나의 중요한 정보는 각 기업 및 취업처에서 보내 오는 사보 또는 인재상에 관련한 사항들이다. 대부분의 직장에서는 원하는 인재상이 있기 마련이고, 그에 적합한 인재가 되기 위해서는 통상적으로 2~3년의 준비기간이 필요하다. 따라서 취업 시기가 되어서야 비로소 그러한 정보를 알게 된다면 준비할 기간을 충분히 갖지 못하게 되므로 자신이 원하는 직장을 얻기가 어려워진다.

　대학에서 활용할 수 있는 또 하나의 기관은 '학생상담소' 또는 '학생생활상담연구소' 등의 명칭으로 마련되어 있는 상담소다. 이 책을 보면서 발견할 수 있는 중요한 원칙 중의 하나는 직업이나 직장의 선택 기준은 바로 나 자신에서 출발한다는 것이다. 나의 비전과 목표, 적성, 성격, 자원, 진로장벽 등의 다양한 요인들이 상호작용하여 나의 미래를 결정하는 것이다. 따라서 상담소를 통해 성격검사, 적성검사 등을 받고 자신을 바르게 이해하는 것은 무엇보다 우선해야 할 취업 준비다. 앞서 언급되었던 MBTI, 홀랜드 진로 적성검사뿐 아니라 성격이나 자신의 취약점 등에 대한 것도 검사나 상담이 가능하므로 한 번씩 찾아가서 자신에 대한 이해를 높이는 것이 좋겠다. 또한 최근에는 대부분의 대학 상담소에서 발표불안이나 사회공포증, 우울증, 학업부진 등의 문제에 대해 집단 또는 개인 상담을 통해 자신감을 갖도록 도와주는 과정을 시행하고 있다. 장거리 여행을 떠나기 전에 자동차를 점검하고 기름을 채우고 여러 가지 부품을 갈아 놓는 것이 필수적인 것과 마찬가지로, 자신과 관련하여 만족스럽지 않은 부분이 있다면 미리미리 점검하고 필요하다면 수정하여 진로결정 및 취업으로 나아가는 것이 지혜로운 일일 것이다.

　대학 외에서 중요하게 참고할 기관으로는 정부(주로 노동부)에서 운영하는 진로 및 취업 관련 기관이 있다. 노동부 산하에는 한국고용정보원이 있고, 전국에 종합고용지원센터가 설치되어 있다. 여기에는 대학을 중심으로 한 취업뿐 아니라 다양한 실직 상태, 또는 구직 상태에 있는 사람들에 대한 정보가 수집되고 제공된다. 따라서 전반적인 직업과 관련한 큰 틀에서 자신의 위치나 자기가 원하는 직업의 위치를 파악해 볼 수 있다. 실제 센터에 찾아가면 정부에서 운영하는 훈련된 상담원들이 있어서 맞춤식 상담을 제공받을 수 있다.

4. 인터넷을 활용하기

　대학생들이 가장 익숙하게 정보를 얻는 곳이 사실 인터넷일 것이다. 인터넷을 통해서 정보를 얻을 때는 그 정보의 신뢰성을 반드시 평가해야 한다. 사람은 공식적인 정보를 신뢰해야 한다고 생각하지만 사회심리학적 연구를 보면 공식적 정보보다 비공식적인 정보를 더욱 신뢰하는 경우가 있다. 예를 들면, 정부에서 나온 데이터보다는 지식검색 등의 불특정 다수가 서로 주고받는 정보를 더 신뢰하는 경우 등이다. 그러나 우선적으로는 공식적이고도 대규모로 수집된 정보나 데이터가 중요하다. 따라서 인터넷 검색을 할 경우는 포털사이트의 질문-답변보다는 정부나 취업 관련 전문기관에서 제공하는 정보를 우선 검색해 보는 것이 현명하다 하겠다. 중요한 몇 개의 사이트를 언급하면 다음과 같다.

- 노동부 직업 관련 공식 사이트, 워크넷 http://www.work.go.kr
- 일자리 정보 허브, 잡넷 http://www.jobnet.go.kr
  - 전국의 취업 정보를 모아서 보여 준다.
- 직업능력개발훈련정보망, HRD-Net http://www.hrd.go.kr
  - 직업훈련의 종류와 일정 등의 정보를 제공해 준다.
- 한국직업정보시스템 http://know.work.go.kr
  - 직업과 관련된 여러 가지 검색어를 통해 직업을 검색할 수 있고 각 직업의 특색 및 요구조건, 연봉 등의 정보를 볼 수 있다.
- 한국산업인력공단 월드잡 http://www.worldjob.or.kr
  - 해외 취업에 대한 각종 정보를 제공해 준다. 일자리뿐 아니라 준비사항 등의 관련 정보도 제공받을 수 있다.
- 한국산업인력공단 http://www.hrdkorea.or.kr
  - 취업에 필요한 각종 자격증 및 취업 정보를 제공해 준다.

앞서 언급된 사이트의 경우 '관련 사이트'(또는 '추천 사이트')라는 메뉴에 추천하는 각종 사이트가 다시 수십 개씩 존재한다. 기본적인 정보를 얻고 난 후에는 관련 사이트 검색을 통해 추가적인 정보를 얻을 수 있겠다.

공식적인 사이트를 통해 정보를 얻고 나면 비공식적 경로를 통해 정보를 얻을 차례다. 앞서 언급했지만 불특정 다수를 대상으로 하는 정보는 특정한 목적(예: 홍보)에 따라 오도되거나 개인적인 감정에 따라 평가될 가능성이 높다. 따라서 회원제, 특히 실명이 가능한 카페나 동호회를 활용하는 것이 보다 정확한 정보를 얻을 수 있다. 최근의 활동이 많고, 방장(운영자)이 실제 경험이 있으며, 오프라인 모임이 종종 이루어지는 카페가 보다 실제적인 정보와 도움을 줄 수 있을 것이다.

5. 수집할 정보

그렇다면 이러한 경로를 통해 어떤 정보를 수집해야 하는 것일까? 향후 전망과 연봉 정도를 알고 나면 무엇을 알아야 하는지가 막막해질 수도 있다. 워(Warr, 1999)가 제안한 만족스러운 직업을 얻기 위한 열 가지 기준을 살펴보고 하나씩 체크해 보는 것도 좋은 방법일 것이다.

〈만족스러운 직업을 얻기 위한 열 가지 기준〉
① 개인적 통제의 기회: 사람들은 어느 정도의 자유, 자율성, 의사결정에의 참여, 직업에 대한 자기 결정을 즐긴다. 스스로 목표를 세우고 그 성취 방법을 결정하며 다양하게 투자할 수 있는 기회가 있다면 사람들은 유능하다는 느낌을 갖게 된다. 따라서 개인적인 자율권을 보장해 주는 직업이 보다 만족스러울 것이다.
② 기술을 사용할 기회: 각자 자신이 가지고 있다고 생각하는 재능이나 기술이 있다. 이러한 기술을 발휘할 기회를 제공받으면 직무에 대한 만족도

도 올라간다. 바꾸어 말하면 내가 가진 기술을 발휘할 기회가 있는 직장이 내가 만족할 수 있는 직장이다.

③ **외부적으로 주어진 합리적인 목표:** 목표가 분명하지 않은 일을 해내는 것만큼 힘든 것이 없다. 어떤 결과가 나오더라도 비판과 불만의 여지가 있기 때문이다. 직업에서 목표가 분명하고 그것이 합리적으로 설정된 것이라면 그곳에서 일을 하는 것이 보다 만족스러워진다.

④ **다양성:** 사람은 기계와 달라서 반복적인 일을 하면 쉽게 지루해진다. 재미를 느낀다는 것은 내가 조금 노력을 해야 이루어 낼 수 있는 과업, 내 능력을 살짝 넘어갈 수도 아닐 수도 있는 과업을 성취해 나가는 과정에서 얻어진다. 따라서 직업세계에서도 다양한 만남과 배움, 개인적 성장이 있고, 호기심을 충족시킬 수 있는 일들이 보다 만족스러운 직업이 된다.

⑤ **환경적 명확성:** 공포영화를 보면 피를 칠하고 도끼를 들고 나오는 존재보다 더 무서운 것이, 뭔지 모르는 존재가 스멀스멀 돌아다니면서 불안을 고조시키는 것이다. 즉, 사람들은 불명확한 것에 대한 두려움과 불편함을 가지고 있다. 직장에서의 피드백이나 미래가 불명확하다면 이는 직업에 대한 만족도를 저하시킨다. 의사소통이 명확하고 자리가 보다 안정적인 직장이 낫다.

⑥ **급여의 상대적 위치:** 급여를 많이 받는 것은 당연히 직업에 대한 만족도를 높여 준다. 그런데 자신의 직장에 대한 불만을 갖게 되는 것은 급여의 절대적인 양이 아닌 경우가 많다. 즉, 내가 받는 돈이 얼마인가도 중요하지만 나와 비슷한 일을 하는 다른 사람에 비해 얼마나 높은가 하는 것이 만족과 불만족에 영향을 미친다는 것이다. 의사는 의사끼리, 은행원은 은행원끼리, 프로그래머는 프로그래머끼리 비교했을 때의 급여 차이가 직장에 대한 만족도에 영향을 미친다.

⑦ **신체적 안전:** 안전에 대한 욕구는 인간의 매우 기본적인 욕구 중 하나다. 신체적으로 안전한 직업 또는 직장이 그렇지 않은 곳보다 훨씬 만족스럽다.

⑧ 친절한 상급자: 상급자가 지지적으로 친절하게 가르치고 관리하는 직장에서 사람들은 만족스러워 한다. 이것은 개인차도 있지만 보다 구조화되고 엄격한 직장과 그렇지 않은 직장도 존재한다.

⑨ 대인관계 접촉의 기회: 직장은 일을 하는 곳이지만 의외로 그 일 자체보다 주변 사람들에 따라 만족도는 크게 달라진다. 직장을 그만두는 큰 이유 중의 하나가 '사람들과 맞지 않아서'라는 것이다. 복권에 당첨된 사람들은 종종 직장을 그만두곤 하는데, 이들은 곧 외로움, 지루함, 상실감과 같은 부정적인 감정에 시달린다. 사회적인 만족은 직업에서의 만족도에 매우 중요하다.

⑩ 사회적인 인정: 사람들은 삶에 대한 의미와 목적을 갖고 싶어 한다. 따라서 자신의 일이 다른 사람이 보기에도 가치 있고 보람 있는 일이기를 원한다. 이는 단지 사람들이 선망하는 높은 지위만을 이야기하는 것은 아니고, 비록 낮은 급여를 받고 소수의 어려운 사람들을 돕더라도 그것이 훌륭한 사람이라는 인정을 받게 하거나 또는 다른 사람들이 인정할 만한 성취감을 느끼는 등의 일을 의미한다. 사회적인 존재인 인간은 사회적으로 가치를 인정받을 만한 일을 한다고 느낄 때 그 일에 대한 만족도가 높아진다.

활동1
직업 후보의 범위 탐색

▶ 여러분이 선택할 가능성이 있는 여러 가지 직업에 대해 탐색해 보고 그 범위를 줄여 보도록 합시다. 우선 빈칸에 '내가' 하고 싶은 일(직업)을 적어 보십시오(이미 직업을 정한 사람은 보다 구체적인 역할이나 세부전공과 관련하여 적어도 좋습니다.).

_____, _____
_____, _____
_____, _____

▶ 다음의 빈칸에는 '부모님'이 추천하고 있는 직업(또는 세부전공)을 적어 보십시오(구체적으로).

_____, _____
_____, _____
_____, _____

▶ 다음의 빈칸에는 '성격검사, 적성검사' 등 지금까지의 활동에서 추천된 직업(또는 세부 전공)을 적어 보십시오(구체적으로).

_____, _____
_____, _____
_____, _____

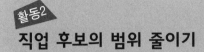

직업 후보의 범위 줄이기

◪ 〈활동 1〉에서 적은 직업(또는 세부전공) 중 두 영역 이상에서 공통되게 언급된 직업들을 빈칸에 옮겨 적어 봅시다.

_____, _____

_____, _____

_____, _____

_____, _____

_____, _____

◪ 위에서 적은 직업(또는 세부전공)들 중 비슷하거나 통합할 수 있는 것들은 다시 한 번 범위를 줄여 적어 봅시다.

1) _____

2) _____

3) _____

4) _____

5) _____

◪ 위에 5개 이상의 직업(또는 세부전공)이 남아 있다면 현실성을 고려하여 3개 이하로 다시 선택해 봅시다.

1) _____

2) _____

3) _____

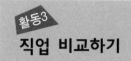 직업 비교하기

▶ 앞서 정리한 직업 중 상위로 선택된 세 가지만 선택하여 워(P. Warr)의 만족스러운 직업을 얻기 위한 열 가지 기준에 따라 점수를 매겨 보도록 합시다.

항목	직업 1: _____ (점수 각 0~10점)	직업 2: _____ (점수 각 0~10점)	직업 3: _____ (점수 각 0~10점)
개인적 통제의 기회			
기술을 사용할 기회			
외부적으로 주어진 합리적인 목표			
다양성			
환경적 명확성			
급여의 상대적 위치			
신체적 안전			
친절한 상급자			
대인관계 접촉의 기회			
사회적 인정			
합계(총 100점)			

제 **10** 장

미래의 모습 예측하기

생/각/해/봅/시/다

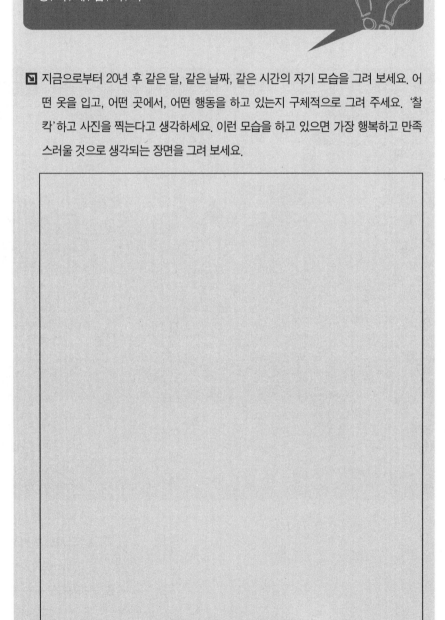

지금으로부터 20년 후 같은 달, 같은 날짜, 같은 시간의 자기 모습을 그려 보세요. 어떤 옷을 입고, 어떤 곳에서, 어떤 행동을 하고 있는지 구체적으로 그려 주세요. '찰칵'하고 사진을 찍는다고 생각하세요. 이런 모습을 하고 있으면 가장 행복하고 만족스러울 것으로 생각되는 장면을 그려 보세요.

1. 사회의 변화: 어제와 오늘

사회는 계속해서 변화한다. 과거 고대, 중세사회는 소위 '농경사회'로서 노예나 토지를 가진 사람들이 사회적인 힘을 소유했고, 쟁기나 삽 등의 농기구를 사용하여 노동을 하였다. 따라서 토지를 가지고 있는 지주들이 상류사회를 이루고 있었으며 이들에게 필요한 기술은 토지를 경작하는 기술이었다. 농장이 가장 중요한 사회적 기관이었고, 여기에서 식량이 생산되어 유통되었다. 이 시기의 의사소통은 개인 간 초보적 수준에서 이루어졌고 농업이 중심이 되는 사회였다. 그 후 산업화가 진행되면서 '산업사회'로의 전환이 근대사회에 이루어졌다. 산업사회로 접어들면서 자본과 노동이 사회적인 힘의 근원이 되었고 증기기관을 비롯한 기계가 주요한 노동수단으로 사용되기 시작하였다. 주요한 자원은 토지에서 광물이나 원자재로 바뀌었고 이러한 물질을 가공하는 기술이 핵심 기술 또는 지배적 기술의 역할을 하게 되었다. 주요한 사회적 기관은 공장이 되었고, 그곳에서는 소비재나 기계를 생산하였다. 의사소통도 개인적인 매체에서 매스미디어를 통한 소통으로 바뀌었고, 제조업이 중심이 되는 사회였다. 현대 사회의 특징은 '지식정보사회'라는 점이다. 이제는 지식과 정보가 사회적 힘의 근원이 되어 있고, 주요한 노동이 컴퓨터나 정보매체를 통해 이루어진다. 따라서 정보나 지식을 얼마나 소유하고 있느냐가 얼마나 자원을 가지고 있느냐에 대한 척도가 되고, 정보를 처리하고 생산하고 연구해 내는 기술이 지배적인 기술의 역할을 하고 있다. 따라서 연구소나 정보센터가 주요한 사회기관이 되고 이곳에서 정보나 지식을 생산해 내는 지식산업이 주요 산업이 되었다.

지식정보사회로 전환된 최근 20~30년간의 변화는 과거 어느 때보다도 빠른 속도로 진행되고 있다. 지금까지의 빠른 변화의 속도를 고려해 볼 때 앞으로 수십 년이 지나면 다시 새로운 사회가 도래할 수도 있다.

1) 인기 있는 인재의 요건의 변화

사회의 변화가 진행되면서 지식산업사회를 주도할 인적 자원에 대한 요구도가 점차 높아지고 다양화되고 있다. 불과 이십여 년 전만 해도 학점과 약간의 외국어 실력이 있으면 자신을 충분히 차별화시킬 수 있었으나 최근에는 전문적인 기술과 경험, 진취적이고도 명료한 사고, 글로벌 마인드로 대표되는 세계시장에서의 활동 및 적응능력이 필수적으로 요구된다.

주요 국내 대기업이 바라는 인재상을 요약하면 전문 지식과 폭넓은 교양, 책임감, 진취성, 국제 감각과 외국어 구사 능력, 협력 마인드, 도전 의식, 인간미, 예의, 유연한 사고와 창의성, 올바른 가치관 등이라 할 수 있다. 이를 과거와 비교하면 다음 표와 같다.

구분		과거(10년 전)	현재
전문적 자질	직무 능력	• 비즈니스적인 센스 • 관리능력 • 의사소통능력 • 유럽과 미국의 상습관에 대한 이해	• 비즈니스적인 센스 • 기업가 정신, 창업가 정신 • 의사소통능력 • 위기관리능력 • 창조적이고도 폭넓은 문제해결능력 • 정보 기술에 대한 지식
	직무 경험	• 업계 프로페셔널 • 10~15년의 손익 책임 • 업계의 연줄 • 국제적 경험(해외 경험 없어도 가능)	• 업계 프로페셔널 • 5~10년의 손익 책임 • 세일즈와 마케팅 경험 • 국제적 경험(해외 경험 필수) • 다양성

개인적 자질	기초적 능력	• 두뇌 명석 • 인간 중심 • 어학 능력 • 타문화에 대한 이해	• 전략적 사고(MBA) • 논리성 • 두뇌 명석 • 논리 정연 • 인간 중심 • 어학 능력 • 타문화에 대한 대응력
	성격	• 안정감 • 비즈니스 경험 풍부 • 서구적인 사고	• 역동성 • 정열 • 창조성 • 폭넓은 수용 능력 • 적극성 • 위험을 무릅쓸 수 있는 대담성

2) 최근 취업시장의 변화

사회의 변화와 요구되는 인재상의 변화에 따라 취업시장의 운영방식도 다양하게 변화하였다. 고등학교를 졸업하고 단 한 번의 학력고사를 통해 대학을 가던 방식이 바뀌어 이제는 내신, 수능, 논술, 사회봉사 등 다양한 평가를 통해 고교생활의 질 및 대학에서의 적응가능성을 평가하여 대학에 진학하듯이, 기업에서도 대학생들의 다양한 면모와 직장에서의 적응가능성을 다차원적으로 평가한다. 따라서 모집의 횟수나 기간, 채용방식 등도 연말에 단 한 차례 서류접수에 이은 면접으로 끝나는 것이 아니고, 상시 모집, 경력사원 모집, 인턴제, 계약직 활용 등의 방식들로 전환되고 있다. 몇 가지 변화를 요약하면 다음과 같다.

(1) 공개 채용

소수의 인력을 채용하더라도 공개 채용방식을 통해 지원자의 실력을 엄격히 검증하여 정예 인력만을 뽑겠다는 기업의 의지가 엿보인다.

(2) 양극화 심화

상대적으로 안정적이고 규모가 큰 기업을 선호하는 구직자들의 경향으로 취업시장의 양극화는 여전하다. 매출액 상위기업은 치열한 입사경쟁을 겪으며 채용을 진행했던 반면, 규모가 작은 기업은 여전히 적합한 인재를 채용하지 못해 인력난을 겪고 있다.

채용 인원 면에서도 기업별, 업종별 채용양극화 현상은 당분간 계속될 전망이다. 건설/목재와 식품/유통, 철강/조선업계는 비교적 활발한 채용을 진행할 것으로 보이나, 석유/화학, 정보통신, 제약 등은 다소 위축될 것으로 나타났다.

(3) 대학 재학기간 평균 6년

취업난이 심해짐에 따라 취업 준비를 위해 졸업을 늦추는 대학 6년생이 늘어나고 있다. 이러한 현상은 전부터 있어 왔지만 이를 지칭하던 대학 5년생보다 더욱 늘어난 대학 6년생이 평균화된 것이다. 각종 시험의 준비와 어학연수를 다녀오는 등 휴학기간이 길어짐에 따라 나타나게 된 현상이다.

(4) 대기업 취업을 위한 족집게 과외

대기업 입사를 위하여 직무능력검사의 모의고사를 실시하는 곳이 늘어나고 있다. 직무능력검사는 기본 능력을 테스트하는 것이 그 목적이지만, 준비에 따라 분명히 그 결과가 달라지므로 이러한 현상이 생기는 것이다. 대표적인 삼성의 SSAT뿐 아니라 LG, SK, 두산 등의 모의고사도 생겨났으며, 면접을 대비한 일대일 과외를 실시하는 학원도 늘어나고 있다.

(5) 서류전형 차별항목 삭제

개인의 역량과 능력 중심으로 인재를 선발하는 기업들이 많아지고 있다. 국내 100대 기업의 절반가량은 학력, 출신지역, 신체사항, 장애사항 등 입사지원서상에서 '차별요소'로 여겨지거나 지원자의 업무능력 평가에서 불필요하다고 판단되는 항목을 삭제하였다.

(6) 면접전형 강화, 심층면접 확산

학력, 나이 등에 제한을 두지 않고 신입사원을 뽑는 대신 면접전형은 강화하는 열린 채용 제도가 공기업과 금융권을 중심으로 확산됨에 따라, 올해 역시 많은 기업들은 우수 인재를 가려내기 위해 면접시간을 대폭 늘리거나 다양한 면접방식을 도입할 계획이다.

프레젠테이션 면접, 블라인드 면접, 집단면접 등 기존에 사용하는 면접방법부터 게임 면접, 롤플레잉(role-playing) 등 다양하고 이색적인 절차를 도입하는 곳이 늘었고, 면접위원 역시 인사부서는 물론 실무부서까지 참여해 입사지원자의 지성 및 인성 분야 등을 종합적으로 평가한다.

(7) 맞춤형 인재를 원한다

최근 기업에서는 입사 후 바로 실무에 투입되어 일을 처리할 수 있는 '맞춤형 인재'를 선호하고 있다. 따라서 희망 기업과 직무에 어울리는 이력을 만드는 데 주력하는 것이 현명하다. 기업 관련 프로젝트를 수행하거나 공모전 입상, 아르바이트, 인턴 및 연수를 통한 경험 등으로 직무능력을 보여 줄 필요가 있다. 지방의 구직자들은 자신이 지방대생이라는 것을 약점으로 생각해 지원을 포기하거나 자신감을 잃는 경우가 많은데, 해당지역 전문가라는 것을 강조하는 등 자신만의 차별화를 강조하면 오히려 이것이 강점으로 작용할 수 있다. 각 기업들이 면접과 함께 전공지식 평가를 강화하고 있다. 전공지식은 특히 IT, 자동차 등의 분야에서 중시한다.

(8) 외국어, 특히 한자의 중요성 증가

중국 시장이 커짐에 따라 영어만큼 한자 실력 또한 필수 요건으로 자리 잡고 있다. 많은 기업이 공개 채용 시 한자 능력 우수자에게 가산점을 주거나 자체적으로 한자 시험을 진행한다. 토익, 토플 등 어학성적 제한 요소를 없애고 회화능력을 엄격하게 평가하는 추세도 이어질 전망이다.

(ロ) 여성 채용비율 증가

내년 취업을 준비하는 여성 구직자라면, 여성 채용비율이 높은 물류·운송, 식음료, 유통, 무역업종이나 외국계 기업의 채용문을 적극적으로 두드려 보는 게 좋다. 백화점·쇼핑몰·의류·주방용품 관련 업체에서도 여성 채용이 많을 전망이다.

(1ロ) 취업 행사들의 변화

각종 취업 관련 행사들이 단순한 취업 정보를 제공하던 수준에서 하나의 축제로 변화하고 있다. 구직자들이 즐기고 취업에 대한 정보도 얻어갈 수 있도록 다양하고 풍성한 콘텐츠들을 개발하여 참여도를 높이고 있다.

2. 미래사회의 모습과 나의 직업[1]

우리나라에서는 '저출산 고령화'라는 말이 유행처럼 회자되고 있다. 과연 미래사회의 모습은 어떠할까? 미래학자들에 따르면, 현재 지구의 인구는 약 65~70억이며 50년 후에는 90억, 100년 후에는 다시 60억, 약 150년 후에는 36억으로 줄어든다. 2050년에 인도는 16억, 중국은 14억, 일본은 7천만, 한국은 3천만의 인구가 되고, 일본과 한국 모두 중국 경제에 흡수될 것이라는 예측이 있다.

미래의 전쟁은 땅 위에서 싸우는 것이 아니라 정체성에 대한 싸움이라고 한다. 역사와 전통, 문화에 대한 전쟁이라는 것이다. 우리나라는 중국 및 일본과 영토 뿐 아니라 역사와 문화에 대한 도전을 받고 있다. 중국은 동북 공정이라는 방침을 통해 백두산을 비롯한 북쪽 땅에 대한 욕심을 과거 역사에 대한 고

---

1) 박영숙, 글렌, 고든(2006). UN 미래보고서. 서울: 교보문고에서 많은 부분을 참조함.

증을 통해 실현하려 하고 있고, 마찬가지로 일본은 독도에 대한 논쟁을 끊임없이 일으키고 있다. 우리나라 역시 고조선의 역사에 대해 문화적으로 조명하고 발해의 정통성을 계승하는 등의 문화적, 역사적 작업을 통해 정체성을 통한 전쟁에 대비해야 할 것이다.

정당정치 역시 미래사회에서는 사라질 것으로 예상된다. 이미 우리나라에서도 일반 국민들은 정당을 통하지 않고 의사를 표시하기 시작하였다. 노무현 대통령이 당선될 당시 네티즌을 통해 집결된 힘을 보여 주었고, 2008년 이명박 대통령의 취임 직후에는 반복적인 촛불시위를 통해 의사를 표현하였다. 직접 홈페이지에 글을 올리고 토론장에서 주제를 잡아 이야기하고, 반대되는 기업에 전화나 댓글로 압력을 가하는 방식이 나타나기 시작했다. 정치의 형식에도 전산화가 진행되어 전자투표가 보편화될 예정이다.

후기 정보화 사회가 다가오면 국가의 힘보다는 기업의 힘, 개인의 힘이 강해진다. 후기 정보화 시대는 나노바이오, 인포 코그노 테크 시대가 온다고 하며, 나노공학, 생명공학, 정보통신, 인지 두뇌공학, 감시공학 등이 인기를 끌게 된다는 예측이 있다. 정부는 모든 사람이 일자리를 갖는 것을 목표로 하는 현재의 모습에서 모든 사람이 일을 놓는 것을 목표로 정책을 바꾸게 된다. 일은 로봇 등의 자동화, 기계화된 형태로 처리되고 원하는 사람만 일을 하며 재택근무가 기본이 되므로, 사람들이 모이는 이유는 이벤트나 게임에 참여하기 위해서일 것이다. 따라서 대도시는 점차 사람이 빠져나가는 공동화현상을 보이게 되고, 부동산에 대한 투기 열풍도 잠잠해질 예정이다. 이미 영국은 20%, 이탈리아의 베니스는 50%의 인구 감소를 보였다. 한국은 2015년부터 인구가 감소하여 20%의 대도시 인구가 줄어들 것으로 예상된다.

대학은 세계 사이버통합대학으로 발전하여 엄청난 규모의 몇 개 사이버대학들만이 살아남게 된다. 유학이나 특정 명문대를 가려는 열풍은 사라질 것이다. 대학 건물은 근로자의 재취업교육이나 신기술에 적용하려는 노동자 재교육에 사용되며, 교육의 의미도 많이 바뀌게 된다. 미국은 1990년대부터 중학교 수학시간에 계산기를 소지하며 2000년대부터는 PDA를 가지고 시험을 치는 대학이 있다. 읽고 쓰기보다는 영상 문화, 즉 오디오, 비디오 문화로 가게 되고 음성인식 기술이 이를 더욱 부채질한다. 방송보다는 개인들이 정보를 알리는 방식이 보편화되면서 일괄적인 정보의 전달과 습득보다는 개인들이 원하는 정보에 대한 주체적인 탐색과 정보 교환이 이루어진다.

산업 중에는 서비스업이 더욱 핵심 산업으로 발전한다. 기계의 힘으로 해결할 수 없는 인간과 인간과의 만남이 고비용의 산업이 되고, 이에 여성의 감성, 센스, 부드러움 등이 주요한 자원이 되므로 여성의 역할은 더욱 강화된다. 가족의 형태는 다양해져서 싱글족, 한부모가족, 조손가족, 독거가족, 동성애가족, 공동체가족 등이 나타나고, 결혼제도나 일부일처제에 대한 절대성이 감소되어 여러 사람들과의 느슨한 파트너십을 평생 갖게 되는 사람도 증가할 것으로 예상된다.

기술의 발달은 공상과학영화 수준으로 진행될 것으로 보인다. 이미 개개인이 휴대전화를 가지고 화상통화를 하는 모습은 50년 전에만 하더라도 만화책의 소재였을 뿐이었다. 인터넷, 휴대전화, DMB, GPS, 와이브로 등의 정보통신 혁명은 가까운 미래에 나노, 바이오, 인포, 코그노 테크의 혁명으로 이어지고, 그 이후에는 트랜스포테이션 기술이 나타나면서 공간을 초월하는 상황이 발생된다. 이는 양자물리학을 사용해 물건을 한곳에서 다른 곳으로 순간에 운송하는 것을 말하며, 이것이 가능해지면 운송수단이 필요없이 순간적으로 모든 물건을 원하는 장소에 옮겨 놓을 수 있게 된다.

국가의 힘도 점차 약화되고 글로벌 다국적 기업이 국가보다 중요한 존재로 지구를 통제하게 된다. 물질적 풍요가 많아지는 한편 거대한 하층계급에서 양극화는 심화되며, 환경 변화에 따른 해수면 상승, 지구 온난화, 극단적 기후 변화, 식수 및 식량의 부족, 농토 부식, 토양 오염, 에너지 고갈 등의 문제로 경제 공황이 지속된다. 부유층은 모든 기술의 발전을 누리지만 하층은 계속해서 가난하고 위험한 환경에서 지내게 된다. 한편으로 공동체(커뮤니티)가 발생하여 자급자족과 생활을 공유하는 형태가 나타나게 된다. 이러한 공동체는 영적이거나 종교적인 색채를 띠기도 하고 성(性)적인 형태를 띠기도 한다. 모계 중심일 수도 있고, 부계 중심일 수도 있으며, 정치적 이념, 전원적인 삶, 도시적인 삶 등의 가치에 따라 모이게 된다. 일은 자동화나 인공지능 등에 맡겨지고 공동의 이웃들과 조화와 친선을 갖기 위한 교류가 이루어진다.

다음은 「U.S. News & World Report」가 선정한 미래의 유망업종 베스트 20이다.

1. 회계 – 기업가치평가 전문가, 해외 컨설턴트
2. 예술, 연예오락 – 만화영화작가, 연예 웹사이트 프로그래머
3. 금융, 재정 – 투자상담사, 소비자 신용관리자
4. 언론, 홍보 – 위기관리담당 홍보요원(기업 이미지 관리 요원), PD
5. 교육 – 수학, 과학 교사, 특수교육교사
6. 공학 – 컴퓨터 공학자, 기계 공학자
7. 환경 – 공해방지 전문가, 수자원 관리자
8. 보건 – 의사보조원, 수유상담사
9. 인사관리 – 교육훈련전문가, 인력관리 상담사
10. 인터넷 – 인터넷 업무 담당 중역, 전자상거래 관리자
11. 법률 – 기업 법률 변호가, 지적 재산권법 전문가
12. 경영 – 물류전문가, 2개 국어 가능 컨설턴트
13. 의약 – 미용치과의, 알레르기 치료 전문가
14. 개인 서비스 – 개인생활 설계사, 출장요리사
15. 공공서비스 – 교정종사자, 치료 레크리에이션 전문가
16. 세일즈 – 전자제품 판매원, 소프트웨어 판매원
17. 사회사업 – 비애 치료사, 노인복지 사업가
18. 텔레커뮤니케이션 – 무선통신 기술자, 무선통신 판매원
19. 자영업 – 트럭 운전사, 전기 기사
20. 여행 – 관광안내원, 푸드 스타일리스트

3. 미래사회를 위한 취업 준비 방법

변화하는 미래사회에 적응하고 리더로 성장하기 위해서는 다양한 준비가
필요하다. 미래세계에 대한 예측과 열린 사고도 필요하지만, 현재의 역할에
충실한 것 역시 기초를 다지는 일로서 중요하다. 최근에 국내외 주요 기업이
밝히는 인재상은 다음과 같다.

> **삼성전자:** 창의적 인재, 도전적 인재, 글로벌 인재
>
> **현대자동차:** 전문 인재, 도전, 창의, 열정, 협력, 글로벌 마인드
>
> **LG전자:** 열정과 승부 근성, 실행력, 전문역량을 갖춘 Right People
>
> **삼성생명:** 인간미와 도덕성, 창조적 사고와 도전정신, 글로벌 역량
>
> **SK:** 핵심전문역량, 창의와 혁신, 정보기술(IT) 활용능력
>
> **POSCO:** 도전의식과 창의력, 팀워크, 글로벌 역량, 건전한 윤리관
>
> **CJ 그룹:** 유연함, 오픈 마인드, 책임감
>
> **국민은행:** 창의적 사고와 행동, 변화 선도, 고객가치 향상
>
> **GS 칼텍스:** 신뢰, 탁월, 유연, 도전, 비전, 전략적 사고
>
> **GE:** 열정과 에너지, 동기부여능력, 집중/결단력, 실행력
>
> **소니:** 호기심, 마무리에 대한 집념, 사고의 유연성, 낙관주의, 위험 감수
>
> **ING 생명:** 팀워크, 결과지향성, 적극성, 전문성, 고객서비스 정신

인재상을 살펴보면 창의적이고 열정적이며 유연하고도 열린 사고 등의 성
격, 태도, 가치관적인 측면에 대한 언급이 더 많고, 그에 이어서 기술이나 능력
이 일부 언급되고 있다. 급변하는 사회에 필요한 덕목이 무엇인지를 보여 주
는 것이라 하겠다. 이에 따라 기업이 바라는 인재가 되기 위한 행동지침은 다
음과 같다.

전공 실력을 쌓아라.

경제, 경영뿐 아니라 다양한 교양을 익혀라.

외국어 구사 능력을 키워라.

해외에 많이 나가라.

"해 보자" "해내라"라는 자세를 갖추어라.

수시로 토론하고 상호 협력하여 결론을 도출하라.

자신의 소신을 확실히 밝히되, 상대방의 의사도 존중하라.

자신의 말에 책임을 지고, 예의 바르게 행동하라.

튀는 생각, 엉뚱한 생각을 구체화시키는 연습을 하라.

결정된 일에는 적극적으로 협력하고 최선을 다해 성취하라.

　참고로 기업들은 다음과 같은 교과목이 대학에 개설되기를 희망한다고 한다. 이것은 기업의 신입사원에 대한 요구조건이라고도 할 수 있겠다. 과목 명칭을 살펴보고, 대학기간 중에 이와 관련된 과목을 듣거나 그러한 능력을 키우도록 노력해 보자.

구분	교과내용	비율(%)
개인적 역량 42.5%	기획, 문서 작성	7.2
	프레젠테이션	7.0
	PC 활용	6.9
	경영학 기초(비전공자)	5.6
	기업 실무	5.2
	전공 현장학습	3.3
	경제학 기초(비전공자)	2.7
	전공 프로젝트 수행	2.6
	전공이론	2.0

	올바른 가치관	6.1
태도 및 가치관	창의적 사고력	5.9
21.7%	자기관리법	4.0
	리더십	3.8
	경영철학	1.9
조직 역량	비즈니스 예절	6.9
17.2%	대인관계	5.2
	커뮤니케이션	5.1
국제화 역량	영어	7.2
11.4%	제2외국어	2.4
	한자	1.8

　　실제 지금 직장을 다니는 직장인들 역시 추가적인 공부를 필요로 하고 있다. 현재 기업들에서 요구하는 내용을 맞추기 위함일 것이다. HR KOREA(2005)에서 조사한 내용에 따르면, 직장인들이 노력하는 첫 번째 항목은 영어 실력을 높이기 위한 공부(31.4%)다. 앞으로의 후세들은 점점 영어를 잘하게 될 것이고, 어려서부터 생활화가 될 것이므로 현재의 성인이 영어를 자유롭게 구사하지 못하는 마지막 세대가 될 가능성이 높다. 따라서 가능한 한 빨리 영어의 압박에서 벗어나야 하고, 그 방법은 영어 실력을 늘리는 것밖에 없다. 두 번째로 노력하는 것은 인맥 넓히기(14.5%)로 나타났고, 그다음으로는 업무 관련 교육과정 수강(12.1%), 대학원 등 진학(11.6%), 제2외국어 독파하기(10.6%), 자격증 따기(9.4%), 자체 스터디 활동 및 독학(8%) 등으로 나타났다. 대학에서 배운 지식의 지속성이 점차 짧아지는 것을 감안할 때 어차피 취업을 하면 또다시 공부를 하는 샐러던트(샐러리맨+스튜던트)의 모습을 갖게 될 수 있지만, 최대한 준비를 많이 해서 취업하는 것이 그 부담을 조금이라도 덜어 내는 방법이 될 것이다.

활동1
공상과학 이야기

☑ 조별로 나누어 이야기를 해 봅시다. 영화나 소설에서 언급된 미래사회의 모습을 서로 아는 대로 말해 봅시다. 미래세계에 발생할 일이나 기술, 여러 가지 환경의 변화 등에 대해 서로 가지고 있는 정보를 나누어 봅시다. 그리고서 그중에 실제로 발생할 것이라 여겨지는 일들의 리스트를 작성해 봅시다. 분명히 발생하거나 도입될 것이라고 여겨지는 기술, 또는 사건 TOP 10을 정해 빈칸에 적어 보고, 그것이 몇 년도 즈음에 현실화될 것인지도 예측해 봅시다.

1. _____ 현실화: _____년도
2. _____ 현실화: _____년도
3. _____ 현실화: _____년도
4. _____ 현실화: _____년도
5. _____ 현실화: _____년도
6. _____ 현실화: _____년도
7. _____ 현실화: _____년도
8. _____ 현실화: _____년도
9. _____ 현실화: _____년도
10. _____ 현실화: _____년도

☑ 위에서 현실화되는 일들이 자신의 직업에 미칠 영향은 어떤 것들이 있는지 생각해 봅시다.

_____

_____

_____

_____

제**11**장

커리어 포트폴리오 만들기

1. 커리어 포트폴리오의 작성(1): 직업의 탐색

2. 커리어 포트폴리오의 작성(2): 직업과 나

3. 커리어 포트폴리오의 작성(3): 중간 목표 설정

4. 커리어 포트폴리오의 실제 사례

생/각/해/봅/시/다

↘ 1장부터 10장까지 공부하면서 실시했던 다양한 활동이나 검사의 자료들을 살펴봅시다. 그리고 그중에 나를 가장 잘 나타내고, 나의 직업결정 및 앞으로의 직업준비 과정에 중요하게 활용될 것이라고 여겨지는 자료들을 선택하여 포트폴리오에 재정리하고, 다른 학생들에게 소개해 봅시다.

_____

_____

_____

_____

_____

_____

_____

_____

_____

_____

_____

_____

_____

_____

_____

_____

_____

_____

_____

이 장에서는 실제 포트폴리오를 작성할 것이다. 다음의 항목들에 따라 포트폴리오를 작성해 보자. 추가적으로 조사나 검색을 실시하여 가능한 한 자세하게 작성하는 것이 도움이 된다.

1. 커리어 포트폴리오의 작성(1): 직업의 탐색

이 영역은 직업에 대한 구체적인 정보를 얻고 정리하는 부분이다. 앞 장들을 통해 결정한 직업에 대해 다음과 같은 사항들을 조사하여 적어 보자.

1) 직업의 특성

1. 직업명: _____

2. 직업 분류: 전문직, 준전문직, 기술직 등 직업을 분류할 수 있는 기준을 쓰세요.
   _____

3. 활동 영역: 이 직업에 종사하는 사람은 어떤 일을 합니까? 이 사람들이 종사하는 주된 활동들을 기록하세요.
   1) _____
   2) _____
   3) _____
   4) _____
   5) _____
   6) _____
   7) _____

4. 지리적 위치: 이 직업이 주로 존재하는 곳은 어디입니까? (도시/지방, 국내/국외, 기타 환경, 산업화 정도 등) _____

5. 직장의 위치 및 영역: 일반적으로 이 직업에 종사하는 사람들은 특정한 장소에서 일을 하게 됩니까? (병원, 산업체, 학교 등) _____

6. 작업시간: (주로 전일제/시간제 근무인지, 평일/근무인지, 구체적인 작업 시간 등)
_____

7. 필요한 기술, 가치: 이 직업에 종사하는 사람들의 특징과 이 분야에서 성공하는 데 필요하다고 생각되는 기술 또는 가치를 기록해 보세요.
_____

8. 대인관계 기술: 이 직업에서 요구되는 대인관계 기술은 어떤 것입니까? 당신은 다른 사람을 감독하거나 관리하게 되나요? 또는 관리감독을 주로 받게 되나요?
_____
_____

9. 경제 상황: 이 직업에서 월급을 얼마인가요?
   1) 초봉: _____
   2) 수련(견습)기간이 끝난 후: _____
   3) 최대로 받는 경우: _____

2) 직업을 갖기 위한 준비

10. 이 직업에 종사하려면 어떤 교육, 훈련과 경험이 필요합니까?
   1) 어떤 기술훈련이 필요한가요? _____
   2) 학위가 필요한가요? 필요하다면 어떤 학위? 어떤 전공 분야에서?
      학위를 얻기 위해 얼마나 시간이 걸리나요?
      _____

   3) 이 분야의 훈련에 들어가기 전에 어떤 과목들이(과정이) 요구됩니까?
      _____

   4) 이 분야의 훈련에 들어간 후 어떤 과목을(과정을) 택해야 합니까?
      이런 종류의 과목들을 좋아합니까?
      _____

   5) 이 분야의 훈련에 들어가기 위해 다른 필요조건이 있습니까? 있다면 무엇입니까? _____

6) 처음의 학위과정을 끝내고 요구되는 훈련 또는 특수한 경험을 기록하세요 (실습, 인턴과정, 견습 기간). _____

7) 이 분야의 훈련은 어디에서 받을 수 있습니까? _____

8) 이 훈련은 시간이 얼마나 걸립니까? _____

9) 계속하기 위해 얼마나 비용이 듭니까? _____

3) 희망하는 직업의 전망

11. 이 직업의 장점, 단점, 기회요소, 위험성은 무엇입니까?
_____

12. 졸업할 무렵 이 직업 분야의 일자리 가능성은 어느 정도입니까?
_____

13. 앞으로 5년에서 10년 후 이 직업 분야의 전망은 어떠합니까?
_____

14. 이 직업과 관련된 훈련이나 교육을 받았는데, 적절한 일자리가 제공되지 않을 경우 다른 가능한 '새로운, 대안적인 직업'은 어떤 것입니까?
_____

4) 직업 관련 전문가로의 성장가능성

15. 대학원 과정이 필요하다면 어떤 학교가 이 분야의 상급과정을 제공합니까?
그 학교들은 어디에 있습니까?
비용은 얼마나 듭니까? 가능한 장학금 또는 경제적 보조를 기록하세요.
_____

16. 이 직업과 관련하여 전문가로서의 성장 및 발전을 위해 연수나 추가 교육을 받을 수 있는 다른 종류의 기관이 있습니까?
_____

2. 커리어 포트폴리오의 작성(2): 직업과 나

이 부분에서는 내가 선택한 직업과 나 자신이 어떤 면에서 일치하고, 내가 잘할 수 있는 사람인지를 설명하는 자료를 축적한다. 이 부분은 내가 현재 직업을 위해 얼마나 준비되어 있는지를 한눈에 점검해 줄 수 있는 역할을 할 것이며, 여러분이 점차 고학년이 될수록 적절하고도 집중력 있는 경력으로 두툼하게 채워져 갈 부분이다.

1. 나의 특성(personal characteristics)
   1) 나의 비전을 적고 그것이 왜 나에게 중요한지, 나는 그 비전을 위해 어떤 사명과 목표를 선택했는지, 그리고 그것이 내가 선택한 직업과 어떤 관계가 있는지를 서술하거나 도표 등으로 정리합니다.
   2) 나의 성격 유형을 적고, 그것이 내가 선택한 직업과 어떤 관계가 있는지를 서술하거나 도표 등으로 정리합니다. 또한 개인적으로 생각하는 자신의 성격적 장점 등을 언급하고 그것과의 관계를 설명합니다.
   3) 나의 적성검사 결과 또는 다른 방식으로 파악된 적성과 내가 선택한 직업 간에 어떤 관계가 있는지를 서술하거나 도표 등으로 정리합니다.

2. 나의 경험(experience, 해당되는 것만 기록)
   1) 가정환경 또는 어린 시절에 겪었던 자신의 독특한 경험을 소개합니다.
   2) 학교생활을 통해 경험했던 것들을 소개합니다.
   3) 봉사활동이나 동아리 등 자신이 자발적으로 실행했던 것을 통해 경험한 것들을 소개합니다.
   4) 여행, 취미 등을 통해 경험하고 깨달은 것 등을 소개합니다.
   ※ 경험 부분은 주관적인 내용을 기입하는 것으로 다음의 업적, 성취 부분과는 '증명할 만한 서류'가 존재하는 객관적인 내용이라는 면에서 차이가 있습니다.

3. 업적, 성취(accomplishments)

  1) 희망하는 직업과 관련하여 자신이 성취한 업적을 스크랩하여 정리합니다.
상을 받았다거나 득특한 성취에 대해 평가를 받았던 일 등이 포함됩니다.
학교 이외에도 공모전, 기고, 논문 등의 업적이 모두 포함됩니다. 관련 서
류를 정리합니다.

  2) 관련된 기관이나 단체의 책임을 맡았던 것, 또는 책임자(회장 등)로 선출/
선택되어 일했던 기간 등을 증명하는 서류를 첨부합니다.

4. 지식(knowledge), 기술(skill)

  1) 해당 직업과 관련하여 내가 수강한 과목을 표시합니다.

  2) 자격증을 스크랩합니다(전공 관련, 전산 관련, 기타).

  3) 어학 인증시험 점수 또는 등급표를 스크랩합니다.

  4) 워크숍 및 연수과정 수료의 증거를 수집합니다.

3. 커리어 포트폴리오의 작성(3): 중간 목표 설정

1) 목표의 설정

이 책의 독자는 대학생으로 가정하고 있다. 그렇다면 여러분은 아직 커리어
포트폴리오를 완성한 단계가 아니라 2~4년 후에 완성될 포트폴리오를 준비
하고 있는 것이다. 따라서 이 포트폴리오를 충실하게 작성할 계획, 다시 말하
면 여러분의 진로계획을 세우고 그 계획을 충실하게 밟아 나가기 위한 중간
목표들을 설정하는 것이 필요하다. 다음의 질문들에 따라 계획을 작성해 보도
록 하자. 필기체는 예시다.

계획	연도	목표
단기 (1~5년)	2010	상담 관련 학과 전공
	∫	관련 교과목 이수
	2013	상담 관련 워크숍 및 대학 졸업
중기 (6~10년)	2015	석사학위 취득
	2015	관련 자격증 취득
	2015	관련 기관에 취업
	2020	박사학위 취득
최종	2030	청소년 전문상담센터 설립

2) 수강할 과목

대학에는 교과과정이 마련되어 있다. 즉, 여러분이 졸업할 때까지 수강할 수 있는 과목들이 학과에 따라 교양, 전공 등의 영역에 따라 정리되어 있다. 각자 자신의 학과에 맞는 교과과정을 확인해 보고 그중에서 자신이 수강하고자 하는 과목을 적어 보자.

설강 학년	과목명	분류(교양/전공, 필수/선택 등)	달성 여부

3) 취득하고자 하는 자격증

직업탐색에서 필요로 했던 자격증에 대해 구체적으로 조사를 해 보도록 한다. 각 자격증은 준비에 필요한 기간이 있다. 학습, 경력에 소요되는 기간을 감안하여 언제쯤 취득할지에 대해 계획을 세워 보자.

목표년월	자격증 명	발행처	달성 여부

4) 실습 및 현장경험

직업에 따라 실습 또는 현장경험이 필요한 경우가 있다. 또는 위의 자격증을 취득하기 위해 필요한 경우도 있다. 이에 필요한 목표를 작성해 보자.

목표기간	실습/현장경험 기관	달성 여부
20 . . ~ 20 . .		

5) 읽고 싶은 책

관련이 있거나 자신의 전반적 발전을 위해 도움이 될 만한 책을 선정하여 목표로 삼는다.

책 이름	저자	달성 여부

4. 커리어 포트폴리오의 실제 사례

1) 커리어 포트폴리오 표지

2) 목차 작성

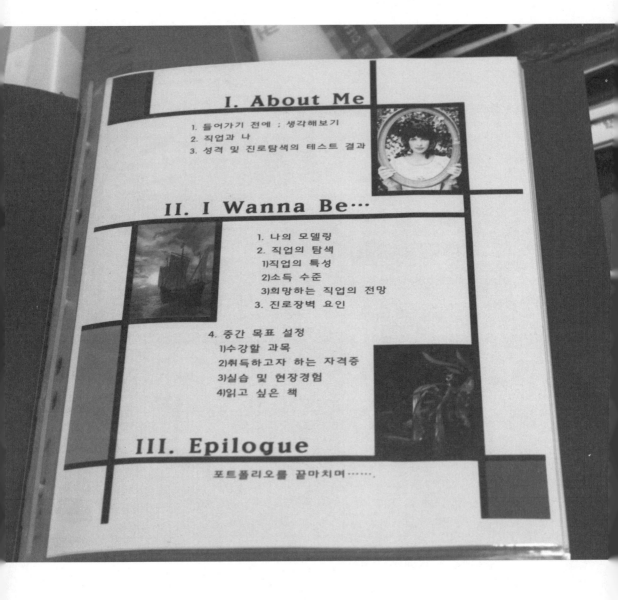

3) 내용 작성

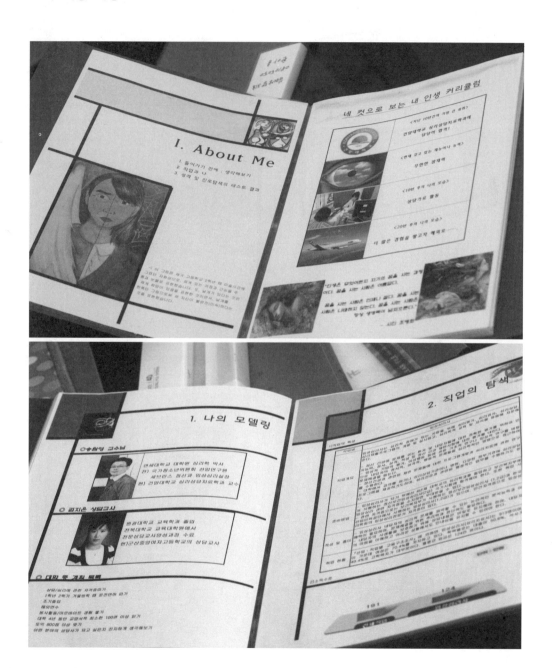

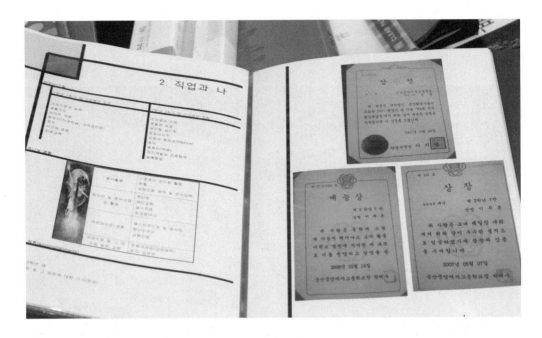

4) 자기 소개

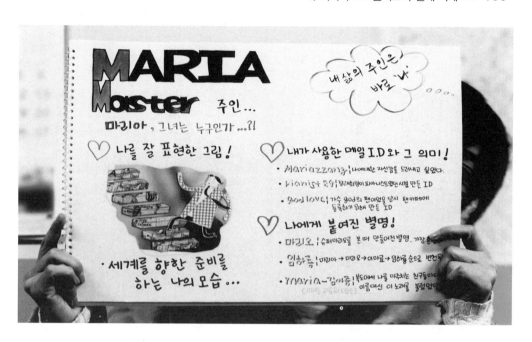

5) 비전 소개

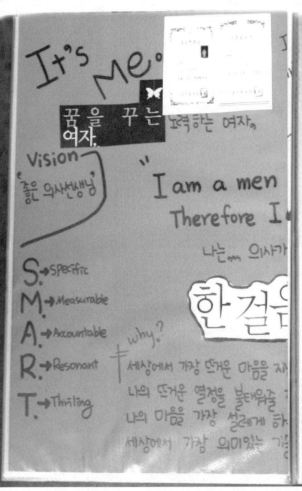

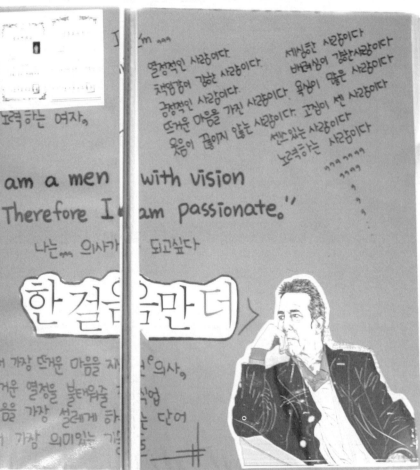

6) 멘토 찾아보기

유명인의 약력 살펴보기
-아나운서 김주하

김주하 아나운서의 프로필~♡

- 생년월일   1973년 7월 29일
- 출생지   서울
- 학력   이화여대 과학교육과 졸
- 방송경력   97년 MBC 공채 아나운서 입사.
  '아침뉴스 굿모닝 코리아', '아침뉴스 2000', '앵커출동', '피자의아침' (아침뉴스 사상 여성앵커 첫 단독 진행), '피플뉴스', '뉴스데스크' 진행, 2004년 아나운서국 소속 아나운서에서 사내 직종 전환을 통해 보도국 기자로 직종 전환을 함. (기자가 평소 꿈이었다고..)
- 수상경력
  한국 아나운서 앵커부문 대상(2002), 프로들이 선정한 우리 분야 최고 앵커우먼, 제 16회 기독교 문화대상 방송부문 수상(2003), 여성이 뽑은 영향력 있는 여성 10위안에 진입!

김주하 아나운서의 버팀목 바로 어머니~♡

대학시험을 볼 때, MBC입사 시험을 보러 갈 때 등 중요한 일이 있을 때마다 매번 다른 성경 구절이 적힌 쪽지를 쥐어 주며 딸을 응원하였다는 김주하 앵커의 어머니... 김주하 앵커에게 그런 어머니는 엄격한 스승이자 꼼꼼한 모니터 요원이기도 하고, 단점을 장점으로 바꿔주려고 노력하는 감사한 분이시다.
또한 사회가 여성에게 더 어려운 곳임을 어렸을 적부터 은연중에 알려주셨다고 한다. 고등학교 시절 선생님과 아나운서 사이에서 진로를 고민하고 있을 때 "내 딸이 사회에 나가 영향력이 있는 사람이 되었으면 좋겠다" 라고 말씀해 주신 것이 아직도 가슴에 남아있다고 말 하는 김주하 앵커.... (잡지 인터뷰 중..)
어머니의 말씀 하나하나 가슴에 새기고 그 뜻을 모두 이루어낸 김주하 아나운서의 모습이 정말 자랑스럽고 존경스럽다!!!

김주하 아나운서의 내공~♡

저서

이 책은 지금의 '김주하'를 만든 10여 년의 자취를 22편의 에피소드로 담고 있다. 애사심과 애국심 사이에서 고민하게 만든 황우석 사태 등 '앵커'라는 화려한 이름 뒤에 존재하는 취재 현장과 방송 현장의 숨막히는 긴장감을 생생하게 전달한다. 뉴스보다 생생하고 사실적인 체험

제**12**장

대학생활에서의 자기관리

생/각/해/봅/시/다

☑ 서점에 보면 'OOO이 해야 할 OO가지'라는 책들이 많이 나와 있습니다. 예를 들면, 20대가 꼭 해야 할 100가지, 죽기 전에 꼭 가 봐야 할 여행지 100곳, 성공적인 노후를 위한 준비 50가지 등입니다. 중요하다고 생각되는 목록들을 그 대상과 중요성에 따라 나열한 것일 겁니다. 대학생으로서 이와 비슷한 목록을 만들어 봅시다. 제목은 '대학을 졸업하기 전에 꼭 해야 할 일 20가지'입니다. 만약에 여러분에게 이런 제목으로 책을 쓰거나 작가가 이런 책을 쓰기 위해 설문조사를 의뢰했다면 어떤 것들을 목록에 넣겠는지 적어 봅시다.

1. _____
2. _____
3. _____
4. _____
5. _____
6. _____
7. _____
8. _____
9. _____
10. _____
11. _____
12. _____
13. _____
14. _____
15. _____
16. _____
17. _____
18. _____
19. _____
20. _____

1. 신체적 관리

20대는 성인이 되어서 사회인으로 첫발을 내딛는 시기다. 대학생은 취업을 한 사람보다는 비교적 보호된 입장에서 지내지만 오히려 그 때문에 잘못된 생활습관이 몸에 밸 수도 있는 시기다. 인간의 자기조절 기능은 어그러지기는 쉽지만 한 번 어그러지면 다시 규칙적인 생활로 돌아오기가 쉽지 않다. 고등학교를 졸업할 당시 또는 방학을 지내면서 점차 잠자는 시간이 늦어지기 시작해서 새벽녘에나 잠에 들고 12시나 되어야 깨어서 활동해 본 경험이 있는 사람이라면 그러한 생활패턴을 되돌리기가 얼마나 힘든지 알 수 있을 것이다. 또한 그러한 생활패턴에서는 자신이 시간을 잘못 보내고 있다는 죄책감과 불안감 역시 스스로를 괴롭히게 된다.

건강의 기본은 수면 관리를 잘하는 것에서 시작된다. 일반적으로 건강에 적절한 수면시간은 하루에 7~8시간으로 나이에 따라 점차 줄어드는 경향이 있다. 충분한 수면은 우선 육체적, 심리적 기능을 회복시키고 흐트러진 균형을 다시 맞추고 재충전시켜 피로회복을 돕는다. 또한 뇌에 과도한 자극을 주는 것을 방지하여 기억과 학습을 돕는다. 그렇기에 수면이 부족하면 활력, 자발성, 동기, 의욕이 감퇴되고 피로와 무기력, 동통, 신경과민, 우울, 불안한 기분이 초래된다. 수면 부족이 장기간 지속되면 지각력, 주의력, 기억력, 방향감각 등에 장애를 가져와 일의 성취도가 떨어지고 결국 여러 가지 생리기능에 장애가 발생하게 된다.

건강을 유지하게 하는 다른 중요한 요소 중의 하나는 운동이다. 일주일에 3회 이상은 몸에 땀이 날 정도의 운동을 해 주는 것이 건강을 유지하는 데 필수적이다. 운동을 하면 스트레스의 원인이 되는 긴장 및 불안이 감소하고, 피로와 권태, 무미건조한 생활을 상쾌한 기분으로 전환시킨다. 또한 우울한 기분이 줄어들고 소외감과 고독감을 줄여 주어서 적극적인 성격과 활동을 하도록 해 준다. 나아가 관상동맥질환, 고혈압, 당뇨, 골다공증, 비만 등의 건강에 위협을 주는 문제가 발생하지 않도록 해 주어 결과적으로 생활과 학업, 직업적 상황에서의 능률을 높여 준다.

음주나 흡연은 건강을 위협하는 큰 요인이다. 적당한 음주는 피로의 회복이나 긴장 완화, 수면 촉진 등의 긍정적 효과를 주고 사람들 사이의 의사소통을 원활하게 해 주는 역할을 한다. 그러나 문제성 음주를 하는 사람들은 이런 장점을 지나치게 강조하며 반대급부의 단점을 무시하는 경향이 있다. 과도한 음주는 개인의 신체적, 정신적 질병을 유발하고 폭력과 범죄와 같은 사회적 문제와도 관련이 있다. 흡연은 건강에 해롭다는 것이 대부분의 사람들이 갖고 있는 상식이다. 김영환(2004)은 흡연을 하는 사람이 그렇지 않은 사람에 비해 연간 결근일수가 6.5일 많고 병원도 평균 6회를 더 찾는다고 한다. 또한 음주나 흡연은 의존성과 중독성이 있어서 스트레스를 음주나 흡연을 통해 해소하기 시작하면 계속해서 그것에 매달리게 되고, 결국 문제성 음주나 흡연으로 흘러갈 가능성이 높아진다.

2. 지적 관리, 시간 관리

인간의 지능은 태어난 이후 점차 발달하여 19~24세 사이에 정점에 이른다. 이것은 다시 말하면 대학 시절이 인생에서 가장 두뇌가 명석한 시기라는 것이다. 이때 습득한 지식이나 경험은 평생 각자에게 다시 없이 귀중한 자원이 된다. 따라서 대학생활 시기에 지적인 능력을 관리하는 것은 필수적이다. 지적 관리에서 대표적으로 중요한 영역은 학점의 관리다. 물론 다양한 경험과 외국어 능력 등 자신을 증명할 수 있는 특기를 만들어 놓는 것 역시 중요한 일이지만, 학점은 그 사람의 '성실성'을 증명해 주는 하나의 기준으로 활용되는 경향이 있다. 따라서 저학년 때부터의 학점 관리는 대학생활에서 놓치지 말아야 할 부분이다. 또한 창의성을 활용해서 각종 공모전 등에 참여해 보는 것 역시 열정적이고 주도적인 성격의 향상과 함께 지적 능력의 향상에 도움이 된다.

연령의 증가에 따라 단순암기력이 점차 떨어지면서 대안적으로 발달하는 능력은 응용력과 경험의 활용이다. 따라서 인생경험을 하는 것도 중요하지만 내가 알고 있는 여러 가지 지식이나 기술을 활용하여 창의적인 결과물을 만들어 보는 경험 역시 지적 능력의 관리에 큰 역할을 한다.

대학생활에서 관리해야 할 중요한 항목 중 또 하나는 시간 관리다. 시간은 누구에게나 주어진 공평한 자원이므로 어떻게 관리하느냐에 따라 그 효율성이 결정된다. 효율적인 시간 관리는 목표와 계획을 중심으로 상황에 따라 유연하게 대처하는 것을 통해 이루어지는 경우가 많다. 시간 활용에 영향을 주는 일들은 크게 네 가지로 구분된다.

1) 긴중: 긴급하고 중요한 일

반드시 해야 할 일이면서도 급하게 해야 할 일이다. 중요하면서도 급하기 때문에 시행의 일 순위에 놓아야 할 일들인데, 이러한 일들이 너무 많으면 심한 스트레스를 받게 된다. 예를 들면, 출근시간에 늦은 경우, 곧 있을 회의의 자료 준비, 시험 전날의 시험 공부 등이다.

2) 안긴중: 긴급하지는 않지만 중요한 일

중요한 일이지만 급하게 할 필요는 없는 일, 누군가가 체크하거나 재촉하지 않는 일이다. 대개 이런 일은 급한 일에 밀려서 자꾸 뒤처지지만 계속 미루다 보면 감당할 수 없는 큰 문제가 발생하는 경우가 많다. 따라서 이러한 일을 잘하려면 적절한 계획을 통해 세분화하여 긴급한 일로 만드는 것도 한 가지 방법이다. 예를 들면, 건강 관리, 외국어 공부, 자격증 취득, 인간관계 관리 등이 여기에 해당된다.

3) 긴안중: 긴급하지만 중요하지 않은 일

갑자기 끼어들어 처리해야 하지만 그다지 중요하지는 않은 일을 말한다. 누군가의 재촉이나 기다림으로 발생하고 차마 거절하지 못해 그 일을 하지만 지나고 나서 보면 불필요한 일이라는 것을 깨닫는 것이다. 일처리를 빨리 하려면 가장 바쁜 사람에게 부탁하라는 말이 있다. 어쩌면 매우 바쁜 사람은 중요한 일은 미뤄 둔 채 누군가가 기다리고 있는 긴급한 일에만 매달리기 때문에 늘 바쁘고 결국 자신의 일도 긴급하고 중요한 일이 되어서야만 처리하게 되므로 늘 더욱 바빠지는 특성을 가지고 있는지도 모른다. 이러한 일의 예로는 불시에 찾아온 손님 맞이하기, 친구의 사소한 부탁 들어주기, 예정에 없던 술자리 등이 있다.

4) 안긴안중: 긴급하지도 않고 중요하지도 않은 일

긴급한 일도 아니고 중요한 일도 아니지만 우리 시간의 일부를 차지하는 일이다. 이러한 일에 보내는 시간이 많은 사람은 대개 효율적이지 못하고 목표나 계획이 없이 시간을 낭비하는 사람일 수 있다. 이러한 일의 예는 정말 해야 할 일을 회피하기 위해 시간을 보내는 게임, 지나치게 길어진 술자리, 목적 없는 인터넷 서핑 등이 있다.

연구들에 따르면, 사람들은 '긴안중', 즉 긴급하지만 중요하지 않은 일에 시간의 50%를 보낸다고 한다. 그리고 '긴중', 즉 긴급하고 중요한 일에 30%, 그 외의 일에 각각 10%씩을 보낸다고 한다. 그렇다면 정작 중요한 일을 처리하는 시간은 하루의 1/2이 채 되지 않는다는 것이다. 다음의 체크리스트를 통해 자신은 어떤 일을 주로 하는 스타일인지 알아보도록 하자.

각 문항에 대하여 점수를 부여하고, 각각의 합계를 적어 봅시다.

매우 그렇다: 5점, 그렇다: 4점, 보통이다: 3점, 그렇지 않다: 2점, 전혀 그렇지 않다: 1점

문항	내용	점수
1	나는 항상 시간에 쫓기며 살아간다.	1-2-3-4-5
2	나는 언제나 다급하고 바쁜 상태로 생활한다.	1-2-3-4-5
3	나는 당장 해결하지 않으면 안 되는 일거리가 많다.	1-2-3-4-5
4	나는 늘 당장 눈앞에 닥친 문제해결에 초점을 맞춘다.	1-2-3-4-5
5	나는 늘 할 일에 비해 시간이 부족하다는 느낌이 든다.	1-2-3-4-5
6	나는 일이 끝나면 스트레스를 많이 받는 편이다.	1-2-3-4-5
합계(A): 긴급하고 중요한 일을 많이 하는 사람		

문항	내용	점수
1	나는 마음의 여유를 가지고 생활한다.	1-2-3-4-5
2	나는 항상 미래를 준비하고 계획하며 산다.	1-2-3-4-5
3	나는 일의 우선순위를 따져 실행에 옮긴다.	1-2-3-4-5
4	나는 일에서 일관되고 지속적인 성취감을 얻는다.	1-2-3-4-5
5	나는 매사에 'Yes'와 'No'가 분명한 편이다.	1-2-3-4-5
6	나는 일에서 심리적인 만족과 안정감을 얻는다.	1-2-3-4-5
합계(B): 긴급하지 않지만 중요한 일을 많이 하는 사람		

문항	내용	점수
1	나는 상대방의 요구에 거절을 못한다.	1-2-3-4-5
2	나는 남을 도와주느라고 내 일을 못할 때가 많다.	1-2-3-4-5
3	나는 일을 하다 보면 우선순위가 낮은 일을 하는 경우가 많다.	1-2-3-4-5
4	나는 어떤 일을 만나면 늘 바쁜데 성과는 없다.	1-2-3-4-5
5	나는 내가 일의 희생자라고 생각한다.	1-2-3-4-5
6	나는 무슨 일을 하고 나면 마음이 허전하고 씁쓸할 때가 많다.	1-2-3-4-5
합계(C): 긴급하지만 중요하지 않은 일을 많이 하는 사람		

문항	내용	점수
1	나는 지금 하고 있는 일에 흥미나 보람을 못 느낀다.	1-2-3-4-5
2	나는 시간이 지나도 늘 그 자리에 있는 느낌이다.	1-2-3-4-5
3	나는 늘 생활이 지루하고 따분하다.	1-2-3-4-5
4	나는 시간이 남아 무엇을 해야 할지 모를 때가 많다.	1-2-3-4-5
5	나는 소일거리나 시간 때울 거리를 찾을 때가 많다.	1-2-3-4-5
6	나는 무력감이 들거나 자신이 싫어질 때가 많다.	1-2-3-4-5
합계(D): 긴급하지도 중요하지도 않은 일을 많이 하는 사람		

3. 스트레스 관리

현대인은 수많은 스트레스를 받으며 살고 있다. 스트레스(stress)라는 말은 본래 물건의 무게로 받게 되는 압력 및 긴장의 힘을 의미하는 물리적인 용어였으나, 셀리에(H. Selye)가 생리적인 용어로 사용한 이후 심리적인 부담감과 그에 따른 신체적인 반응을 포함하는 용어로 쓰이게 되었다. 스트레스에 대한 연구의 대가인 라자루스(R. Lazarus)는 스트레스의 원인과 그에 대한 개인의 대처능력 및 주변 환경의 영향이 서로 상호작용하여 실제 경험하는 스트레스의 양을 결정한다고 주장하였다. 스트레스의 원인은 사고, 질병, 취학, 취직, 결혼, 출산 등 다양한 생활사건이 된다(이 장 끝부분의 활동 참조). 스트레스의 원인이 없는 것이 주관적인 어려움을 줄이는 일차적인 방법이겠지만 라자루스의 이론을 참고한다면 각 개인이 스트레스의 원인에 대처할 수 있는 능력을 높이거나 주변 환경을 잘 조절하면 같은 양의 스트레스 원인에 대해서도 주관적으로 경험하는 스트레스의 양은 줄일 수 있다.

심한 스트레스를 경험하면 학업이나 일의 효율이 저하되기 마련인데 무네카타(Munekata, 1991)가 정리한 내용에 따르면 다음과 같은 증상이 나타난다.

신체적 증상		
피로	복통	목과 어깨가 뻐근하다
등의 통증	어지러움	수족냉증
두통	생리불순	수면 곤란, 선잠
불규칙한 맥박	위통	몸에 열이 난다
더위를 탄다	피로	추위를 탄다
수면욕구	머리가 조이는 느낌	감기에 걸리기 쉽다
숨막힘	구토	변비
발이 무거움	관절통	설사
얼굴이 쉽게 붉어진다	식욕 저하	성욕 저하

심리적 증상	
집중하지 못한다	사리판단이 곤란해진다
여러 가지 일에 부담을 느낀다	무서워진다
외치고 싶은 충동	남과 만나기 싫어진다
삶의 희망 상실	삶의 보람을 느끼지 못한다
즐겁지 않다	주위 사람들이 차갑게 느껴진다
아침에 일어나는 것이 고되다	자신감이 없다
머리가 맑지 않다	무감동
남과 어울리지 못한다	긴장
불안, 근심	무력감
침착하지 못하다	압박감
우울하다	원기가 없다
의욕이 없다	수면욕구가 강해진다

행동적 증상	
계단에서 걸리기 쉽다	난폭해진다
과식	과도한 활동을 한다
거식(음식 거부)	활동이 저하된다
낭비	과민해진다
과묵해진다	불면
스릴 추구	자살 기도
호색	흡연, 음주 증가
공격적	말이 많아진다

특히 스트레스를 많이 받는 사람은 A타입의 성격을 가진 사람이다. A타입의 성격이란 스트레스에 과도하게 반응하는 성격 특징인데, 다음과 같은 항목들에 해당한다. ① 자신이 말하고자 하는 것을 서둘러 말하려고 하며 말하고 싶은 것을 단숨에 말하지 못하면 견디지 못한다. ② 남과 대화할 때 서둘지 않고서는 못 배긴다. ③ 걷거나 먹는 속도가 빠르다. ④ 한 번에 두 가지 일을 하려고 한다. ⑤ 며칠 또는 몇 시간이라도 하는 일이 없거나 쉬면 부담이 된다. ⑥ 자신이라면 빨리 할 수 있는 일을 남이 느리게 처리하는 것을 보면 초조해진다. ⑦ 도로에서 정체하거나 줄을 서거나 음식점에서 빈 자리를 기다리는 경우 초조해진다. 이러한 항목 중 반 이상이 자신에게 해당된다면 A타입의 성격과 가깝다고 볼 수 있다.

그렇다면 이러한 스트레스를 적절하게 대처하고 관리하기 위해 어떤 방법을 사용해야 할까? 다음의 몇 가지 방법들을 활용하여 보도록 하자.

1) 신체적인 조건 유지

신체적인 조건이 건강하게 유지되어야 한다. 앞서 신체적인 관리에서도 언급했지만 충분한 수면은 무척 중요하다. 수면 시에 뇌와 근육, 내장기관이 모두 휴식을 취할 수 있어야 한다. 충분한 휴식을 취하기 위해서는 적당한 노동이 필요하다. 낮에 너무 편하게 지낸 날 밤에 불면을 경험한 사람이 있을 것이다. 따라서 낮시간 동안에 뇌와 근육을 충분히 사용해 주어야 한다. 즉, 일이나 고민이 있는 것이 수면에는 도움이 된다. 적당한 운동도 필요하다. 그러나 잠들기 직전의 움직임은 수면에 방해가 된다. 고민이나 심한 운동은 잠들기 2~3시간 전에는 마무리하고 편안한 상태로 전환해야 한다. 내장기관의 경우는 식사를 적절히 조절하면 되는데, 뇌와 근육과 마찬가지로 잠들기 3시간 전부터는 음식섭취를 하지 않아서 위를 비롯한 내장이 잠을 자는 동안 바쁘게 움직이지 않도록 도와주어야 한다. 또한 일정한 시간에 자고 일정한 시간에 일어나는 규칙적인 수면이 도움이 된다. 잠이 오지 않을 경우는 30분 이상 누

위 있지 말고 침대 밖으로 나와서 책을 읽거나 다른 활동을 하다가 졸음이 올
때 다시 눕는 것이 효과적이다. 누워서 계속 생각을 하다 보면 더욱 불안해지
고 잠은 더욱 달아난다.

2) 호흡법

스트레스를 받으면 자신도 모르게 숨이 얕아진다. 헐떡헐떡 숨을 쉬면서 가
슴도 답답하고 산소도 부족한 듯한 증상을 경험한다. 이는 다시 불안 등의 불
편한 감정을 촉발하고, 스트레스가 강화되는 방향으로 흘러간다. 따라서 가슴
을 사용한 흉식호흡을 멈추고 배 속 깊숙이까지 호흡을 채우는 복식호흡 또는
심호흡을 하는 것이 도움이 된다. 심호흡은 머리를 맑게 해 주고, 긴장을 완화
해 주며, 현재 몰입해 있는 걱정거리에서 한숨 돌리고 한발 떨어져 생각할 수
있도록 해 준다.

3) 긍정적 자기대화

스트레스를 많이 경험하는 사람들은 같은 상황에서도 자기도 모르게 속으
로 부정적이고 극단적인 생각을 하는 경향이 있다. 같은 상황도 스스로 부정
적으로 생각하고 그 생각을 다시 발전시키면 소위 '부정적 자기대화'를 하는
양상이 되어 스트레스는 점점 심해지게 된다. '긍정적 자기대화'란 부정적인
상황이라도 긍정적으로 해석하고 좋은 면을 보려고 하는 시도다. 이는 좀 더
폭넓게 생각하고, 주도적이고 해결 중심적으로 생각함으로써 가능해진다. 다
음의 예를 통해 살펴보자

- 상황 1. 약속시간이 다가오는데 과제를 다 하지 못했다.
  - 부정적 자기대화: '지겨워 죽겠네.' '끝이 없구만.' '도무지 인간답게
    살 수가 없다니까!' '콱 죽어 버리는 것이 낫겠다.'

- 긍정적 자기대화: '오늘은 바쁘니 좀 서둘러야겠다.' '할 일도 없고 만날 사람도 없는 것보다 낫지.' '오늘은 피곤할 테니 깊이 자야겠다.'
- 상황 2. 조별 발표수업에서 발표를 맡게 되었다.
  - 부정적 자기대화: '분명히 떨거야.' '썰렁하면 어떻게 하지?' '이기적인 녀석들이 나한테만 발표를 맡겼어.'
  - 긍정적 자기대화: '떨리는 것이 당연하지, 하다 보면 좀 나아질 걸.' '무슨 말로 처음에 한 번 웃기고 시작해 볼까?' '어차피 살다 보면 발표 많이 할 텐데 이럴 때 연습해야지 뭐.'

4) 수용: 생각의 전환

중세의 유명한 기도문 중에 다음과 같은 것이 있다. 우리가 경험하는 많은 스트레스 중에는 적절한 대처로 해결할 수 있는 것이 있지만 실제적, 환경적인 한계로 조절할 수 없는 문제들도 있기 마련이다. 그런데 심한 스트레스로 속을 앓는 사람 중에는 해결할 수 없는 일에 대해 계속 미련을 두고 괴로워하는 경우가 있다.

하나님, 우리에게 은혜를 베푸사.

내가 바꿀 수 없는 것들은
차분히 수용할 수 있도록 평온한 마음을,

변화시켜야 할 것들은
바꿀 수 있는 용기를,

그리고
바꿀 수 있는 것과 없는 것을 구분할 지혜를
허락하여 주소서.

개인주의적인 문화가 팽배해질수록 자신의 욕구와 상황과의 갈등이 생길 때 자신의 욕구대로 상황을 바꾸려는 시도가 많아지고 있다. 물론 과거 세대에서는 바꿀 수 있는 일임에도 불구하고 지나치게 순응적으로 살면서 자신의 권리를 찾지 못한 사람들도 많았다. 또한 불가능에 도전하여 성취해 내는 것 역시 젊음의 특권이기도 하다. 그러나 적절한 수준을 넘어서면 자신에게 모든 상황을 맞추려고 독선적이 되거나, 할 수 없는 목표를 가지고 스스로를 채찍질하는 상황이 되어 오히려 결과 없는 스트레스를 받게 된다. 따라서 앞의 기도문처럼 바꿀 수 있는 것과 바꿀 수 없는 것을 구분하는 지혜와 그에 따른 수용, 또는 변화의 전략을 융통성 있게 사용하는 것이 불필요하게 에너지를 낭비하지 않는 일이 될 것이다.

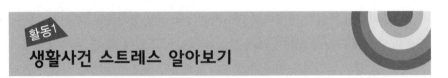

활동1
생활사건 스트레스 알아보기

▣ 다음은 여러분이 일상생활에서 경험하는 스트레스입니다. 지난 1년간 경험한 스트레스가 있다면 그 횟수를 쓰고 가중치를 곱하여 점수를 내 봅시다.

생활사건	스트레스 가중치	지난 1년간 경험한 횟수	스트레스 점수
1. 배우자(이성친구)의 사망	100×( )회		
2. 이혼	73×( )회		
3. 배우자(이성친구)와 별거	65×( )회		
4. 감옥이나 수용소에 구류	63×( )회		
5. 가까운 가족의 사망	63×( )회		
6. 대형 사고나 질병	53×( )회		
7. 결혼	50×( )회		
8. 직장에서 해고	47×( )회		
9. 배우자(이성친구)와 결합	45×( )회		
10. 퇴직	45×( )회		
11. 가족의 중요 건강문제	44×( )회		
12. 임신	40×( )회		
13. 성 관련 문제	39×( )회		
14. 새로운 가족 영입(출생, 양자, 노인 모시기 등)	39×( )회		
15. 대형 사업 재조정(합병, 구조조정, 파산 등)	39×( )회		
16. 재정 상태의 큰 변화	38×( )회		
17. 친한 친구의 죽음	37×( )회		
18. 직장에서 전혀 다른 업무로 바뀜	36×( )회		
19. 배우자(이성친구)와 논쟁 횟수가 크게 늘거나 줌	35×( )회		
20. 저당이나 대부금 부담이 수입의 25% 이상(집 구매, 사업 등)	31×( )회		
21. 저당물을 찾는 권리의 상실	30×( )회		

22. 직장에서 책임에 큰 변화(승진, 좌천 등)	29×( )회	
23. 자녀가 집을 떠남(결혼, 대학 입학 등)	29×( )회	
24. 사위, 며느리 또는 사돈 간의 문제	29×( )회	
25. 눈에 띄는 훌륭한 성취	28×( )회	
26. 아내(이성친구)가 일을 시작하거나 하던 일을 그만둠	26×( )회	
27. 학업을 시작하거나 중단함	26×( )회	
28. 생활 조건의 큰 변화(새 집 건축, 개축, 집이나 주위환경이 나빠짐)	25×( )회	
29. 개인의 습관이 바뀜(옷, 태도, 교제 등)	24×( )회	
30. 직장 상사와의 불화	23×( )회	
31. 작업 시간이나 조건의 큰 변화	20×( )회	
32. 이사(주거 변경)	20×( )회	
33. 새 학교로 전학	20×( )회	
34. 오락의 종류와 시간이 크게 바뀜	19×( )회	
35. 종교 활동의 큰 변화	19×( )회	
36. 사회활동(계모임, 사교모임, 연회, 방문 등)의 큰 변화	18×( )회	
37. 저당이나 대부금 부담이 수입의 25% 미만(자동차, TV, 냉장고 등 구매)	17×( )회	
38. 수면 습관의 큰 변화(수면의 양, 취침시간 등)	16×( )회	
39. 가족 모임의 숫자가 크게 변함(평소보다 많이 늘거나 주는 경우)	15×( )회	
40. 음식 습관의 큰 변화(먹는 양, 식사시간 등)	15×( )회	
41. 휴가	13×( )회	
42. 대형 축제, 연휴(크리스마스 등)	12×( )회	
43. 경범죄(교통위반, 무단횡단, 소란죄 등)	11×( )회	
합계		

출처: Holmes & Rahe(1967).

◪ 결과 점검

300점 이상: 심각한 위기
- 병에 걸리거나 스트레스에 따른 어려움이 발생할 가능성이 높습니다. 즉시 생활을 점검하고 스트레스를 줄이기 위한 방법을 마련하십시오.

200~299점: 견딜 만한 위기
- 스트레스 수준이 높습니다. 최악의 수준은 아니지만 스트레스가 일상생활이나 정서적 안녕을 위협할 가능성이 있습니다.

150~199점: 경미한 생활 위기
- 경미하나마 스트레스가 존재합니다. 미리미리 대처하는 지혜가 필요합니다.

◪ 앞서 목록 또는 새로운 항목 중에 여러분이 현재 일상생활에서 가장 크게 겪고 있는 스트레스는 무엇입니까? 각각의 스트레스에 대처하는 효과적인 방법을 생각해 봅시다.

_____

_____

_____

_____

_____

_____

_____

_____

_____

_____

_____

활동2
자기관리 능력 점검

◪ 다음은 여러분들이 일상생활에서 어떻게 자기관리를 해 나가고 있는지를 알아보기 위한 것입니다. 해당란에 ○로 표시해 봅시다.

내용	예	아니요
1. 나는 항상 규칙적으로 식사한다.		
2. 나는 패스트푸드를 좋아하지 않는다.		
3. 나는 채소와 과일을 즐겨 먹는다.		
4. 나는 운동하는 시간이 매일 정해져 있다.		
5. 나는 술을 일주일에 한 번 이하로 마신다.		
6. 나는 담배를 피우지 않는다.		
7. 나는 거의 12시 이전에 잠든다.		
8. 나는 아침 일찍 일어난다.		
9. 나는 잠을 충분히 잔다.		
10. 나는 외박을 하지 않는다.		
11. 나는 항상 제시간에 리포트를 제출한다.		
12. 나는 의논할 수 있는 친구가 항상 한두 명 있다.		
13. 가족은 나에게 큰 힘이 된다.		
14. 나는 동호회 모임에 정기적으로 나간다.		
15. 선배나 후배들에게 내 고민을 털어놓는다.		
16. 나는 화가 나면 바로 푸는 편이다.		
17. 나는 정기적으로 종교 활동을 한다.		

➘ '예'에 대답한 개수는 몇 개인가요? _____

➘ '아니요'가 많을수록 자기관리에 어려움이 초래될 가능성이 높습니다. 어떻게 자기관리를 개선시킬지에 대해 생각해 보도록 합시다.

_____

_____

_____

_____

_____

_____

_____

_____

_____

_____

_____

_____

_____

_____

_____

_____

_____

참고문헌

건양대학교(2007). 성공취업전략. 충남: 건양대학교 취업매직센터.

건양대학교(2008). 취업전략과 경력관리. 충남: 건양대학교 취업매직센터.

고은진 역(2004). 커리어 전략(다치바나 후쿠시마 사키에 저). 서울: 고려닷컴.

김규(2006). 10년후를 기획하라. 서울: 국일미디어.

김영환(2004). 흡연 습관의 사회 경제적 영향. 대한의사협회지, 47(3), 209-213.

김완석, 김선희 공역(2004). 커리어 상담-생애설계의 응용개념(V. G. Zunker 저). 서울: 시그마프레스.

김은경, 김은정, 이원경, 홍혜경(2004). 준비하며 시작하는 대학 1학년. 서울: 문음사.

김은영(2001). 한국 대학생 진로탐색장애검사(KCBI)의 개발 및 타당화 연구. 이화여자 대학교 박사학위 논문.

김지영(2002). Vision탐색 프로그램. 한국 상담학회 2002년 연차대회 자료집.

김지영(2003). 자기개발과 진로탐색. 충남: 건양대학교 출판부.

김창남 역(2005). 미래 비즈니스를 읽는다(하마다 가즈유키 저). 서울: 비즈니스북스.

김충기(2000). 진로교육과 진로상담. 서울: 동문사.

김현자(2005). 다중지능과 가정변인이 초등학생의 유능감에 미치는 영향. 한국방과후 아동지도연구, 2(2), 135-155.

김혜영, 최인려(2006). 비즈니스와 생활예절. 서울: 성신여자대학교 출판부.

문용린 역(2004). 열정과 기질(Howard Gardner 저). 서울: 북스넛.

문용린, 김주현(2004). 다중지능이론에 기초한 진로교육 가능성 탐색. 진로교육연구, 17(1). 1-19.

박성미(2005). 대학생을 위한 직업준비교육. 고양: 서현사.

박승규(2000). 미래의 전공선택. 서울: 학문사.

박영숙, 글렌, 고든(2006). UN 미래보고서. 서울: 교보문고.

배수진(2000). 최신 스트레스 관리. 서울: 학문사.

배은영(2003). 직업기초능력 향상을 위한 상업계 고등학교 전문교과 구성방안. 직업능력개발연구, 6(1), 27-53.

백종유 역(1999). 미래를 읽는 8가지 조건(H. Matthias 저). 서울: 청림출판.

서은국, 성민선, 김진주 공역(2007). 긍정심리학 입문(W. C. Campton 저). 서울: 박학사.

손은령(2001). 진로 장벽 연구의 동향과 후속 연구 과제. 서울대학교 학생생활연구. 28권, 81-97.

손해곤(1992). 대학생의 자아정체감 형성과정 및 정체감 위기. 연세대학교 대학원 석사학위 논문.

송원영, 전연진, 조규필, 정주리, 천석준(2006). 미래의 서-청소년을 위한 진로 지침서. 서울: 국가청소년위원회.

심혜숙, 임승환 공역(1997). 성격유형과 삶의 양식(S. Hirsh, J. Kummerow 공저). 서울: 한국심리검사연구소.

안광식, 김미영, 최완식(2005). 대학생들의 직업기초능력 수준에 관한 연구. 대한공업교육학회지, 30(1), 96-105.

이경희 역(1993). 마음의 틀(H. Gardner 저). 서울: 문음사.

이무근, 이용환, 정철영, 배진한, 최애경, 이종성, 정태화, 나승일(1997). 직업능력인증제 도입을 위한 정책연구. 직업교육연구, 16(2), 109-130.

이은미 역(2006). 새내기 대학생을 위한 가이드북(가와이 에이지로 저). 서울: 유원.

정옥분(1998). 청년발달의 이해. 서울: 학지사.

정옥분(2008). 청년발달의 이해(개정판). 서울: 학지사.

정철영(1998). 직업기초능력에 관한 국민공통 기본교육과정 분석. 농업생명과학연구, 제2권, 323-326.

정철영(2000). 직업기초능력 강화 방안. 교육부 연구보고서.

정철영, 나승일, 서우석, 송병국, 이종성(1998). 직업기초능력의 영역 분류 및 하위요소 추출. 한국직업교육학회지, 17(2), 15-37.

한국전문대학교육협의회(2007). 자기주도형 성공취업과 진로. 한국전문대학교육협의회.

한국청소년상담원(2007). 꿈꾸는 청소년의 자립준비를 위한 두드림존 프로그램 매뉴얼 1단계. 서울: 한국청소년상담원.

한상철(1998). 청소년학 개론. 서울: 중앙적성.

황매향(2005). 진로탐색과 생애설계. 서울: 학지사.

황매향 역(2005). 사례로 배우는 진로 및 직업상담(J. L. Swanson, N. A. Fouad 공저). 서울: 학지사.

황매향, 이아라, 박은혜(2005). 청소년용 남성 진로장벽 척도의 타당도 검증 및 잠재평균 비교. 한국청소년연구, 16(2), 125-159.

Armstrong, T. (1994). *Multiple intelligences in the classroom*. Alexandria, VA: Association for Supervision and Curriculum Development.

Dilley, J. S. (1965). Decision-making ability and vocational maturity. *Personnel and Guidance Journal, 44*, 423-427.

Erikson, E. H. (1968). *Identity: Youth and crisis*. New York: Norton.

Gardner, H. (1983). *Frames of Mind: The Theory of Multiple Intelligences*. New York: Basic Books.

Ginzberg, E., Ginsburg, S. W., Axelrad, S., & Herma, J. L. (1951). *Occupational choice: An approach to a general theory*. New York: Columbia University Press.

Holland, J. L. (1992). *Making vocational choices* (2nd ed.). Odessa, FL: Psychological Assessment Resources.

Holmes, T. H., & Rahe, R. H. (1967). The social readjustment rating scale. *Journal of Psychosomatic Research, 11*, 213-218.

Lemann, N. (1986). The origins of the underclass. *The Atlantic Monthly, July*, 31-55.

Luzzo, D. A., & Hutcheson, K. G. (1996). Casual attributions and sex differences associated with perceptions of occupational barriers. *Journal of Counseling and Development, 75*, 124-130.

Marcia, J. E. (1966). Development and validation of ego-identity status. *Journal of Personality and Social Psychology, 3*, 551-558.

Marini, M. M. (1978). Sex differences in the determination of adolescent aspiration: A review of research. *Sex Roles, 4*, 723-753.

Munekata, T. T.(1991). *Stress survival*. Tokyo: Shogukukan.

Picou, J. S., & Curry, E. W. (1973). Structural, interpersonal and behavioral correlates of female adolescent's occupational choices. *Adolescence, 8*, 421−432.

Sanborn, M. P., & Wasson, R. (1965). Affective Differences Between Successful and Non−Successful Bright Ninth Grade Boys. *Personnel and Guidance Journal, 43*, 600−606.

Sprinthall, N. A., & Collins, W. A. (1995). *Adolescent Psychology: A developmental view* (3rd ed.). New York: McGraw Hill, Inc.

Super, D. E. (1953). A Theory of vacational development. *American Psychologist, 8*, 185−190.

Super, D. E., Thompson, A. S., Lindeman, R. H., Jordaan, J. P., & Myers, R. A. (1981). *Career Development Inventory: College form*. Palo Alto, CA: Consulting Psychologists Press.

Swanson, J. L., & Daniels, K. K. (1995). *The Career Barriers Inventory−Revised*. Unpublished manuscript. Southern Illinois University, Carbondale.

Swanson, J. L., & Tokar, D. M. (1991). College students'perceptions of barriers to career development. *Journal of Vocational Behavior, 38*, 92−106.

Swanson, J. L., & Woitke, M. B. (1997). Theory Into Practice in Career Assessment for Women: Assessment and Interventions Regarding Perceived Career Barriers. *Journal of Career Assessment, 5*(4), 443−462.

Tiedeman, D. V., & O'Hara, R. P. (1963). *Career development: Choice and adjustment*. Princeton, NJ: College Entrance Examination Board.

Tieger, P. D., & Barron−Tieger, B. (1992). *DO WHAT YOU ARE*. New York: Little, Brown and Company.

Warr, P. (1999). Well−being and the workplace. In, D. Kahneman, E. Diener, & N. Schwartz, (Eds.). *Well−being: The foundations of hedonic psychology*, New York, Russell Sage Foundation.

Werts, C. E. (1968). Parental influence on career choice. *Journal of Counseling Psychology, 15*, 48−52.

Westbrook, B. W., Sanford, E. E., & Donnelly, M. H. (1990). The relationship between career maturity test scores and appropriateness of career choices: A replication. *Journal of Vocational Behavior, 36*, 20−32.

찾아보기

저자 소개

송원영

연세대학교 대학원 심리학 박사
전) 국가청소년위원회 선임연구원
　　세브란스병원 정신과 임상심리실장
현) 건양대학교 심리상담치료학과 교수

〈저서〉

『꿈꾸는 청소년의 자립지원을 위한 '두드림존 프로그램' 프로그램 매뉴얼』
　　(공저, 한국청소년상담원, 2007)
『미래의 서 – 청소년을 위한 진로 지침서』(공저, 국가청소년위원회, 2006)
『위기를 기회로 바꾸는 청소년을 위한 인지행동 집단프로그램』(국가청소년위원회, 2005)
『위기청소년을 위한 구조화된 면접도구 'STAR 검사 매뉴얼'』(한국청소년상담원, 2005)
『아! 짱나, 짱나, 짱나, 어쩌면 좋지?』(국무총리 청소년보호위원회, 2004) 외 다수

김지영

영남대학교 대학원 교육학 박사
전) 캐나다 캘거리 의과대학 브레인 연구소 방문교수
　　건양대학교 심리상담치료학과 교수
　　건양대학교 진로상담부장
　　한국진로상담학회 부회장
　　한국상담학회 이사
현) 포스텍 리더십센터 책임연구원
　　진로상담 1급 전문상담가(한국상담학회)

〈저서 및 논문〉

『자기계발과 진로탐색』(건양대학교 출판부, 2004)
『진로상담과 심성계발』(공저, 건양대학교 출판부, 2004)
「진로탐색 On Line 검사지 개발」(『건양논총』, 2005)
「진로의사결정 상담프로그램이 진로의사결정수준에 미치는 영향」(『한국심리학회지』, 2002)
「진로의사결정 상담프로그램이 대학생의 진로의사결정 능력에 미치는 효과」
　　(학위논문, 2001) 외 다수

커리어 포트폴리오를 통한
대학생의 진로 설계

2009년 9월 12일 1판 1쇄 발행
2016년 10월 20일 1판 8쇄 발행

지은이 • 송원영 · 김지영

펴낸이 • 김 진 환

펴낸곳 • (주) **학지사**

　　　　　04031 서울특별시 마포구 양화로 15길 20 마인드월드빌딩 5층

대표전화 • 02) 330-5114　　팩스 • 02) 324-2345

등록번호 • 제313-2006-000265호

홈페이지 • http://www.hakjisa.co.kr
페이스북 • https://www.facebook.com/hakjisabook

ISBN 978-89-6330-185-3 93370

정가 **9,000원**

교육문화출판미디어그룹 **학지사**

학술논문서비스 **뉴논문** www.newnonmun.com
심리검사연구소 **인싸이트** www.inpsyt.co.kr
원격교육연수원 **카운피아** www.counpia.com